El presidente

El presidente

Manual para electores y elegidos

El príncipe en el tiempo de las urnas

CARLOS ALBERTO MONTANER

El presidente
Primera edición: octubre de 2017

© 2017, Carlos Alberto Montaner
© 2017, Penguin Random House Grupo Editorial USA, LLC.
8950 SW 74th Court, Suite 2010
Miami, FL 33156

www.megustaleerenespanol.com

Foto del autor: Pedro Portal

ISBN: 978-1-945540-20-2

Printed in USA

Penguin
Random House
Grupo Editorial

Para mis amigos de RELIAL, *la Red Liberal de América Latina, que luchan pacífica e incansablemente para que la libertad, la democracia y la prosperidad arraiguen definitivamente en nuestro continente.*

CAM

Índice

IV
BIO-BIBLIOGRAFÍA

Hace más de 500 años, en circunstancias totalmente diferentes, Maquiavelo redactó *El príncipe* para describir la conducta que debía tener la autoridad con el objeto de sujetar el poder. Este libro va dirigido a los presidentes y, muy especialmente, a quienes deben elegirlos. Está concebido para una época, la nuestra, en la que prevalece la democracia liberal y en la que convencer es mucho más importante que vencer.

El tiempo de las urnas

Si observa con cierto detenimiento, notará que este libro, *El presidente*, lleva un subtítulo: *Manual para electores y elegidos*. Es un libro breve, como lo fue *El príncipe* de Maquiavelo, aunque ambicioso. Es *El príncipe* en el tiempo de las urnas, cuando los ciudadanos son los verdaderos soberanos y la autoridad asciende desde la voluntad popular y legitima el ejercicio del poder.

Está dirigido a los presidentes, pero de su lectura se desprenden algunas lecciones acaso muy útiles para los votantes. En realidad, ése es nuestro objetivo: iluminar las características de la democracia liberal para que la selección de los servidores públicos contribuya a un mejor destino para todos.

La primera parte (Presidentes) es una reflexión sobre las características que debe tener esa peculiar criatura a la que entregamos la responsabilidad de dirigir los destinos del país y una descripción de cómo son y cómo funcionan los Estados más prósperos y felices del planeta.

La segunda parte (Cómo se llega a la presidencia) es una incursión en la técnica electoral. Para escribirla pedí ayuda a varios expertos en ganar comicios y les di extensamente la palabra. Ellos son los que saben. En nuestros días, para llegar al poder no sólo hace falta un buen candidato y un buen mensaje. Se requiere también organización, encuestadores y cuidar la imagen. La sustancia es importante, pero también, en gran medida, poder llegar al corazón del elector.

La tercera parte (Cómo se es un buen presidente) está llena de consejos, sugerencias y observaciones, desde cómo y por qué elegir

13

a los miembros del gabinete hasta lecciones elementales de economía política. También incluye una advertencia contra los enemigos permanentes del buen gobierno: la corrupción y las supersticiones marxistas y populistas. Asimismo, contiene un breve capítulo sobre las inevitables crisis, para el cual pedí consejo a otro experto citado extensamente. En nuestros tiempos existen los especialistas en conflictos y hay que darles la palabra. El libro termina con un análisis de las ventajas y desventajas de la reelección. Creo que los inconvenientes son mucho mayores. Cuando lo lea encontrará por qué.

Les quedo muy agradecido a los especialistas en asuntos electorales Mario Elgarresta, Joaquín Pérez Rodríguez, Rosa Soto y Paola Ramos —una nieta muy querida— por sus contribuciones al capítulo sobre la técnica electoral. Gracias a ellos se comprenderá mucho mejor el peso de las encuestas, de la organización de los partidos, de la importancia de la imagen y de la compleja estructura de una campaña. También al ex embajador Julio Ligorría, experto en la solución de conflictos, una necesaria especialidad sin duda muy útil para todo aquel que acceda al poder. Los problemas son inevitables.

Por último, va también mi gratitud a Lillian Moro, quien tuvo la cortesía de leer el manuscrito con ojo crítico en busca de errores y gazapos. Algunos encontró y eliminó con su habitual profesionalismo. Sin embargo, ella no es responsable de las opiniones vertidas en el libro. Ésas, especialmente las desacertadas, me corresponden por entero.

I

Presidentes

1

Príncipes y presidentes

EL PRÍNCIPE

La imagen que nos queda de Nicolás Maquiavelo es un retrato de Santi di Tito, pintado algunos años después de la muerte del escritor, ocurrida en 1527. Probablemente Di Tito lo copió de un original que se ha perdido, en el que se ve, a medio cuerpo, a un señor delgado, de cabeza pequeña, cabellos cortos y sonrisa irónica, con rasgos insignificantes, como de roedor, enfundado en un peto negro y una holgada camisa rojiza.

En 1513, este florentino culto y discreto, versado en lenguas clásicas, escribió *El príncipe*. Estaba preso por orden de los Medici, aunque les dedicó la obra (quizá lo hizo por eso). Había sido un diplomático notable en aquellos turbulentos años de batallas entre las diferentes ciudades y "repúblicas" italianas. Le tocó perder y lo apresaron y torturaron. Lo soltaron y lo volvieron a encarcelar permitiéndole, finalmente, una especie de laxo arresto domiciliario.

Nada de rasgarse las vestiduras ante estos hechos: era la práctica habitual de la época. No obstante, Maquiavelo, aunque estaba entre rejas o encerrado en una casa, tuvo la suficiente presencia de ánimo para escribir un breve tratado sobre las cualidades y conductas que debía adoptar el mandamás para ser eficaz y conservar el poder frente a los enemigos y peligros que inevitablemente lo acechaban.

No dice qué modelos de gobernante admira, pero todo parece indicar que se trataba de César Borgia o de Fernando II de Aragón, viudo —lo era cuando se escribió el libro— de Isabel I, reina de

17

Castilla. El papa había designado al matrimonio como los "reyes católicos" por la más pueril de las razones: al de Francia lo hacía llamar "rey cristiano". Era una cuestión de celos entre los monarcas o de la habilidad de Roma para las relaciones públicas.

Maquiavelo murió sin haber visto su libro publicado y sin imaginarse que la obra lo catapultaría a los primeros planos de la teoría política universal. Mucho menos podría haber intuido que su nombre pasaría a ser sinónimo de cinismo y ausencia de principios, cuando se limitó a describir, con una gran dosis de realismo, lo que eran las relaciones de poder en su tiempo y en su fragmentado mundillo italiano.

En todo caso, para Maquiavelo las enseñanzas de *El príncipe* eran la mayor cantidad de moral que admitía su época turbulenta. Hasta su muerte a los 58 años estuvo discretamente dedicado a escribir comedias y ensayos históricos, quizá arrepentido de sus incursiones en la política. Su obra más famosa fue publicada póstumamente en 1532. Desde entonces no ha dejado de reimprimirse periódicamente en una docena de idiomas europeos.

El presidente

Lo interesante es que esa consagración de la autoridad medieval, prolongada y terminada en el Renacimiento, fundada casi siempre en el linaje heredado, algo que no cuestiona Maquiavelo, pocas décadas más tarde comenzó a desintegrarse con la aparición de las ideas de la Ilustración y su creciente entronización en la imaginación política colectiva.

Con bastante celeridad fue desapareciendo, por injusta y absurda, la creencia de que los monarcas lo eran "por la gracia de Dios", dado que supuestamente descendían directamente de Adán, el primer rey, como establecía un tratadista de la talla de Robert Filmer (*Patriarca o el poder natural de los reyes*, 1680), mientras Jean Bodin aseguraba que "el Príncipe sólo es responsable ante Dios". Sin embargo, aunque herido de muerte, el antiguo régimen se defendería con uñas y dientes hasta el siglo XIX.

La Ilustración trajo algunas novedades. Thomas Hobbes —dentro de la tradición de Maquiavelo— explicó que la peor plaga que podía afectar a la especie era la anarquía, lo que justificaba la entrega de toda la autoridad a un poder capaz de restaurar y mantener el orden. John Locke planteó que la función del Estado era proteger los derechos individuales, especialmente la vida, la propiedad y la libertad. Juan Jacobo Rousseau estableció que entre gobernantes y gobernados debía existir un contrato social que exigiera obligaciones y compromisos a unos y otros. El barón de Montesquieu describió la importancia de dividir la autoridad en tres Poderes que se contrapesaran con el objeto de evitar la tiranía.

Finalmente, los revolucionarios americanos (1776) y los franceses (1789) cambiaron el eje de la autoridad, creando, en la época moderna, un nuevo sujeto histórico depositario de la soberanía: el ciudadano. A partir de las revoluciones liberales, al menos teóricamente, la autoridad ascendía de los ciudadanos libres a sus representantes, elegidos en comicios democráticos en calidad de *mandatarios*. Es decir, gobernaban por mandato del pueblo y dentro de los límites de una Constitución.

Aparecieron, pues, los *presidentes*, nombre en el que englobo a todos los jefes de gobierno, estén al frente de repúblicas o administren monarquías parlamentarias en calidad de primeros ministros. En España, por ejemplo, pese a ser una monarquía parlamentaria, al jefe del gobierno lo llaman *presidente*. Es prácticamente lo mismo.

Este libro, pues, tiene idéntica intención que el que redactó el florentino Maquiavelo hace más de cinco siglos: despejarles el camino a los servidores públicos para que puedan hacer mejor su trabajo, pero ciñéndome, claro está, a los valores de la democracia y la libertad vigentes desde el triunfo de los principios liberales y a los usos y costumbres típicos de este tipo de regímenes. Simultáneamente, como dejé escrito al principio de este libro, pretendo que quienes tienen que elegir a los servidores públicos también cuenten con un modelo de análisis para ponderar sus cualidades y actitudes.

Al fin y al cabo, en 2016, cuando redacto estos papeles, sigue siendo cierto que, hasta ahora, las alternativas surgidas ante la democracia representativa, como el comunismo, forjado sobre la superstición de que por designio histórico debe gobernar la "clase proletaria" —dos palabras que nada significan realmente—, o el fascismo, organizado en torno a líderes de mano dura que invocan al "pueblo" para ejercer su voluntad, han fracasado estrepitosamente, aunque dejando en el camino millones de cadáveres.

No andaba, pues, muy descaminado Francis Fukuyama cuando, tras el fin del comunismo en Europa, se aventuró a asegurar que la historia había terminado (*El fin de la historia y el último hombre*, 1992). La verdad es que todavía no existe una mejor manera de relacionar a la sociedad y al Estado que la democracia liberal y la economía de mercado lentamente surgidas de la Ilustración.

LA NECESIDAD DE LA JERARQUÍA

¿Por qué alguien debe mandar? ¿No es posible que surja una sociedad anarquista, sin jefes que ejerzan el poder? No lo creo. Durante cientos de miles de años, nuestra especie ha contado con líderes para guiar a los grupos. Es una de las estrategias del proceso evolutivo para asegurar la supervivencia. Es inevitable contar con una jerarquía que organice a la tribu, la proteja en caso de peligros y la encamine en la dirección de metas comunes.

No se trata de que el líder posea una voluntad altruista. No es eso. De su comportamiento egoísta de alguna forma se deriva el llamado bien común. Todos los animales sociales cuentan con una jefatura. Ese jefe siente la urgencia de mandar. No obstante, entre los primates existen la compasión y los instintos de protección a los más débiles, como ha demostrado con toda claridad la primatóloga Jane Goodall. Constantemente dan muestra de ello, como también las dan de una feroz agresividad.

Entre los primates, orden a la que pertenece nuestra familia, el mono alfa, que establece su jerarquía mediante la intimidación, para lo que ruge, hincha el pecho y enseña los colmillos, suele ser más fuerte, grande y agresivo, a lo que en algunos gorilas se agrega un dato curioso: se distinguen por una pelambre blanca o plateada sobre el lomo. De ahí que, en nuestros días, suponen los antropólogos, las canas se asocian a la autoridad y conceden cierto rango.

En general se lucha por unos imperativos fundamentales: la comida, el territorio y el sexo. La comida y el sexo son gratificaciones tangibles e inmediatas, pero la noción del territorio es de otra naturaleza.

Como la supervivencia del grupo está ligada al control de un sitio determinado libre de enemigos y depredadores, existe la urgencia biológica de contar con ese espacio seguro para el grupo, aunque también se percibe la necesidad de un espacio individual que, cuando nos lo invaden, nos sentimos incómodos.

La lucha suele ser de dos maneras: violenta, que llega hasta la muerte del adversario, o ritual, en la que "la sangre nunca llega al río". Y la ritual es la más interesante. Es como una especie de danza que culmina con un gesto claro de vasallaje. El derrotado reconoce que su enemigo es más fuerte e inclina la cabeza y se postra aceptando la jefatura del mono alfa. A veces, gimotea u ofrece sus manos con la palma hacia arriba, denotando que no tiene ninguna intención maligna. De ese gesto surgió el amistoso apretón de manos. Quiere decir: "Vengo en son de paz". Algunas especies, incluso, enseñan los dientes. La sonrisa también es un gesto universal de paz.

No se sabe exactamente por qué algunos individuos sienten la necesidad de mandar, pero nos conviene que esos sujetos existan. Casi seguramente es una característica determinada genéticamente. Se trata de oscuras inclinaciones naturales, como las de los artistas, emprendedores y deportistas, gente que se esfuerza por desarrollar actividades que no siempre rinden frutos materiales.

Algunos líderes a veces están dispuestos a desatar sangrientos conflictos en busca de respeto o admiración. Lo vemos entre los líderes mafiosos. Lo vemos, también, entre países. Vladimir Putin, por ejemplo, en estos días lo reclama para Rusia. Explica sus acciones imperiales como esa necesidad simbólica de respeto.

A otra escala, también lo vemos entre bandas de delincuentes rivales. Los mafiosos están siempre dispuestos a organizar grandes carnicerías como castigo a quienes han irrespetado su jerarquía.

La jerarquía sin lucha

Con el tiempo en la especie humana surgió un tipo de jerarquía que no derivaba directamente de la victoria en el campo de batalla. Se crearon las dinastías. Mandaba el hijo o un pariente cercano del jefe. La sangre establecía una cadena de mando. Esto ocurrió, seguramente, tras el establecimiento de sociedades sedentarias arraigadas a un territorio donde practicaban la agricultura o criaban animales. El surgimiento de estas actividades tuvo un impacto tremendo sobre las estructuras de mando. El líder fue sustituido por el reyezuelo, y junto a él comparecieron castas especializadas: una cierta nobleza primitiva, los militares, los sacerdotes, el pueblo llano y, por último, los esclavos. El reyezuelo, para gobernar, solía necesitar el consentimiento y la colaboración de militares y sacerdotes. A cambio de ello compartía las rentas con esa estructura de poder.

Tal vez por eso Jared Diamond, un notable antropólogo contemporáneo, llegó a afirmar que el peor descubrimiento del hombre ha sido la agricultura. A partir de ese punto se construyó la extraordinaria grandeza de la especie pero, al mismo tiempo, empezó a manifestarse una inexorable decadencia que eventualmente, sospecha, lo llevará a la degradación progresiva del medio ambiente y a su destrucción final.

En todo caso, el oscuro impulso que precipitaba a los grupos humanos a admitir la existencia de líderes fuertes, primero impuestos por sí mismos y luego por razones de herencia biológica, se fue transformando en una jerarquía artificial que descansaba en la racionalidad.

La democracia era eso: un método aritmético, fundado en la racionalidad, para tomar decisiones que afectaban a una determinada colectividad regida por normas generalmente constitucionales.

Ya no era necesario que el líder fuera corpulento y agresivo, aunque la media de estatura de los líderes políticos norteamericanos (y probablemente de todas las latitudes) siga siendo perceptiblemente más alta que la del pueblo en general. George Washington, por ejemplo, era un hombre grande en todos los sentidos, incluido el corporal. Eso seguramente contribuyó a que fuera el primero, sin que nadie se percatara de ello.

2

¿Realmente quiere ser presidente?

¿Le llamo *Presidente*? Le llamaré así a lo largo de este libro. ¿Ya lo es o quiere llegar a serlo? ¿Está seguro? Recuerde la melancólica advertencia: "Cuando entras en política lo primero que ocurre es que le echas tu honor a los perros". Y hay algo de eso. La rivalidad a veces es a dentelladas. La política es una tensa competencia que saca a flote lo mejor y lo peor de los seres humanos. Genera grandes satisfacciones y enormes perjuicios. Prepárese para todos los peligros, incluidos los que emanan de los políticos, esas criaturas que, al decir del diputado español Miguel Ángel Cortés: "Son animales feroces que se alimentan de votos".

Tal vez sueña con ser presidente, pero no se ha atrevido a manifestárselo a nadie. Acaso hoy es concejal, diputado, senador, sindicalista, actor, periodista o empresario, y piensa que en el futuro debe llegar a la presidencia porque tiene las condiciones que se necesitan. Se siente con el deseo de alcanzar esa posición. ¿Por qué no? De la misma manera que Napoleón aseguraba que cada uno de sus soldados llevaba en la mochila el bastón de mariscal, en democracia cada político, incluso cada ciudadano, teóricamente tiene derecho a aspirar a la jefatura del gobierno. Ésa es una de las consecuencias de la premisa que establece que todos los ciudadanos son iguales ante la ley.

Pero tan importante como determinar si quiere ser presidente es saber con claridad por qué y para qué quiere serlo. ¿Lo tiene claro? Son preguntas que sólo puede contestar usted mismo por medio de una sincera introspección.

¿Se trata de un impulso primario para satisfacer su deseo de mandar, como les sucede a los "machos alfa", pletóricos de testosterona? Algunas personas sienten esa urgencia de ser el líder del grupo y por ello son capaces de aceptar los mayores sacrificios o, en el peor de los casos, de cometer las peores villanías con tal de conseguirlo.

¿Siente acaso la necesidad de ser reconocido por la sociedad a la que pertenece? El economista y sociólogo estadounidense Thorstein Veblen sostenía que la búsqueda de reconocimiento era una de las fuerzas más enérgicas para movilizar a los seres humanos. Creo que eso es bastante evidente.

¿O tal vez posee un fuerte espíritu protector, lo atenaza la necesidad de ser útil y desea colaborar con la sociedad para mejorar las condiciones de vida de sus conciudadanos mediante el buen gobierno y las reformas constructivas? Ojalá que así sea.

¿O le preocupa la posteridad y desea dejar un legado importante asociado a su nombre porque para usted la trascendencia sólo es posible si es capaz de dejar un mundo mejor que el que le recibió? El altruismo es un buen punto de partida. Es un impulso que claramente existe entre los mamíferos superiores, como han confirmado los etólogos más observadores.

Hay de todo en la viña del señor. Hay, incluso, bribones que sólo quieren ocupar el poder para enriquecerse apoderándose de los fondos públicos, vendiendo influencias, recibiendo coimas o haciendo negocios turbios. Esa despreciable especie política es la más nociva y, en algunos parajes, probablemente, la más abundante, culpable, entre otras cosas, del descrédito de la actividad política.

En realidad no hay nada censurable en que sienta las urgencias psicológicas de los líderes deseosos de mandar, en que busque el reconocimiento de la sociedad y ser popular y respetado, o en que piense en su legado para la historia.

Eso es legítimo. Muchos de los grandes políticos han tenido esas características. Winston Churchill y Franklin Delano Roosevelt eran así. Es síntoma de poseer un ego fuerte y competitivo. Tal vez ese rasgo es necesario para mantenerse activo e ilusionado en el áspero ejercicio de la política. Pero es importante que entienda que en un Estado de derecho moderno, ya sea una república o una monarquía parlamentaria, el elemento que debe prevalecer es la vocación de servicio público.

LAS VIRTUDES, SEGÚN LOS CLÁSICOS

Al margen de las motivaciones que inclinan a ciertas personas a colocarse al frente de sus sociedades, Presidente, quienes las eligen deben poder apreciar en ellas las virtudes más sobresalientes. Los clásicos pensaban que existían unos rasgos o "vías romanas" que debían adornar la personalidad de los mejores ciudadanos.

Si los gobiernos fueran una gigantesca empresa de servicios —educación, sanidad, seguridad, justicia, transporte, relaciones exteriores, todo—, y en vez de elegir a un presidente por la vía de las urnas, las sociedades contrataran a una firma de cazatalentos para que localizara a un buen CEO o presidente, ¿a quién reclutarían?

Ante todo, tendrían en cuenta la inmensa diversidad de la clientela a la que hay que satisfacer, los instrumentos que tienen para lograrlo y las limitaciones legales dentro de las que deben llevar a cabo sus actividades. A partir de ese punto, repasarían a los clásicos y fijarían las 13 características ineludibles que ya fueron exploradas por los pensadores de la época.

La primera es la *prudentia*. El presidente debe ser previsor, prudente. Debe autocontrolarse. No se juega con el destino de la gente. Los grandes errores de los gobernantes son producto de una jugada audaz que les salió mal. Napoleón se hundió cuando invadió Rusia (lo mismo que le sucedió a Hitler a mediados del siguiente siglo).

La segunda es la *auctoritas*. La autoridad emana de la experiencia, pero no exactamente de la edad. En 1901, Teddy Roosevelt apenas tenía 43 años cuando el asesinato de McKinley lo convirtió en presidente de Estados Unidos. John F. Kennedy comenzó a gobernar en 1961 a los 43 años. Ambos poseían una inmensa carga de autoridad.

La tercera, muy relacionada con la anterior, es la *gravitas*. Hay que tomar las cosas en serio y transmitir esa determinación a los subalternos. Incluye la capacidad para decidir la importancia o prioridad de los asuntos. Un gobernante que no sabe ponderar sus tareas está destinado a perder el tiempo inútilmente.

La cuarta es la *concordia*. No se gobierna con el ceño fruncido, peleando con todo el mundo y provocando temor. Esto es verdad dentro y fuera de las fronteras. Gobernar es negociar, buscar consensos, pactar, comprender las debilidades propias y las fortalezas del adversario. Hay que sostener los principios, pero admitir, al mismo tiempo, que a veces son inevitables algunas concesiones que nos repugnan porque no hacerlas acarrearía terribles males. Durante la Segunda Guerra Mundial, Estados Unidos debió pactar con la URSS de Stalin para derrotar a Hitler. La flexibilidad no es una debilidad, como sostienen las personas autoritarias. Es una virtud.

La quinta es lo que los romanos llamaban *humanitas*. Es decir, la cultura, la preparación. Todos los problemas son poliédricos, poseen múltiples lados y aristas. Tienen consecuencias económicas, morales, sociológicas, legales. Para entender la realidad y tomar decisiones acertadas es conveniente poder abordarlos desde distintos ángulos de manera equilibrada y sin dogmatismos. Esto requiere una buena formación.

La sexta es la *clementia*. Es la virtud que lleva al gobernante a ser compasivo, a pensar en el daño que puede producirle al prójimo con sus decisiones. A veces la firmeza es contraria a la clemencia. Jimmy Carter, que no fue un gran presidente, fue, sin embargo, una persona genuinamente compasiva que introdujo en el debate internacional el tema de los derechos humanos y le hizo un gran favor a la humanidad. Alguna vez dijo una frase que lo reivindica: "Si yo no puedo ejercer la compasión en la Casa Blanca, no me interesa estar en ese sitio".

La séptima es la *industria*, que para los romanos era el trabajo intenso. No hay resultados buenos que no tengan detrás una gran carga de esfuerzo. El gobernante tiene que trabajar mucho y hacerlo honradamente, por la gloria de servir, y no para el beneficio personal.

La octava es la *patientia*. Hay que saber esperar. Casi ningún asunto importante se soluciona rápidamente. Todo toma tiempo.

El buen gobernante, mientras trata de acelerar los procesos, simultáneamente será capaz de aguardar y de frenar a sus más impacientes colaboradores.

Sin embargo, debe esperar y actuar con *firmitas*. La firmeza es la novena de esas virtudes. Firmeza para mantener las posiciones moralmente deseables y para sostener otras posiciones incómodas, si fuera necesario. La Guerra Fría fue un prolongado escenario en el que Estados Unidos consiguió con *patientia* y *firmitas* mantener la política de *contención* del espasmo imperial de la URSS, aunque los aliados flaqueaban y le pedían que la cancelara.

La décima es la *comitas*. Es el humor. Las personas agradecen que los gobernantes den muestras de buen humor. Eso los humaniza. Los acerca al común de los mortales. De ahí la costumbre angloestadounidense de comenzar los discursos con un chiste. Indirectamente, lo que están diciendo a la audiencia es: yo soy como ustedes, tengo las mismas emociones. Abraham Lincoln y Ronald Reagan tenían esa facultad de reírse, incluso de ellos mismos.

La undécima es la *dignitas*. La dignidad no se contrapone a la comicidad, pero el buen estadista, intuitivamente, sabe guardar el equilibrio. El presidente debe estar consciente de su investidura y respetar y hacerse respetar. Winston Churchill podía utilizar el humor, casi siempre irónico, y, al mismo tiempo, sabía llevar sobre sus hombros el peso de la dignidad con que ejerció el cargo de primer ministro del Reino Unido.

La duodécima es la *frugalitas*. La frugalidad no se contrapone a la dignidad y no se limita a la alimentación. Es la expresión de que se ejerce el poder sin ostentación y sin lujos innecesarios. La mayor parte de la sociedad, incluidas las clases medias, padece ciertas necesidades, tiene limitaciones. A las personas les gusta ver que sus servidores públicos, y el presidente el primero de ellos, no utilizan el poder para vivir lujosamente. Confortablemente sí, pero sin extravagancias. La oficina-vivienda del *premier* británico en el número 10 de la calle Downing es un gran ejemplo.

La decimotercera es la *virtus* por excelencia de los romanos: el coraje. La valentía para afrontar los peligros. Ser capaz de controlar el miedo y marchar adelante en la batalla, o dar la cara en los momentos de peligro, debe ser un rasgo imprescindible de quienes mandan con honor.

Naturalmente, queda la suerte. Un buen jefe de gobierno puede tener estas 13 virtudes, y otras 40, pero si el viento le da de frente, y lo agarra una violenta crisis económica internacional, lo atacan poderosos enemigos exteriores, la naturaleza se manifiesta impetuosa por medio de terremotos, inundaciones y grandes calamidades, o la sociedad a la que sirve presenta síntomas de anomia y no reconoce ni respeta las normas, es muy poco lo que podrá hacer. Hay cien ejemplos terribles que lo demuestran.

3

Los presidentes y las tareas intangibles

Presidente, con frecuencia, en política, lo importante es lo que no se ve. Debe tener en cuenta lo siguiente: hay por lo menos dos tareas fundamentales que deben llevar a cabo los presidentes, pese a que no suelen producir réditos políticos. Una es perfilar y defender la imagen del país; la otra, aunar las relaciones con el conjunto de la sociedad para que la sociedad asuma con orgullo el estamento público, algo que está muy lejos de lo que sucede hoy día.

LA IMAGEN-PAÍS Y EL PRESIDENTE

Cuando una empresa grande contrata a un presidente, el flamante empleado sabe que entre sus principales tareas está defender y engrandecer la imagen de la *marca* que lo ha contratado. Con frecuencia, lo más valioso de las empresas es esa marca. Ocurre, por ejemplo, con Apple. El prestigio está en la marca, no en el producto. Ayer eran computadoras. Hoy son teléfonos. Mañana pueden ser automóviles. El producto puede cambiar, pero la marca permanece.

Con los países sucede lo mismo. Existe la marca-país. Francia, Canadá, Estados Unidos, Alemania, Inglaterra, Suiza, Suecia, Japón, últimamente Corea del Sur, son grandes marcas-país. Son naciones que se distinguen por proyectar una buena imagen industrial y social.

Hace muchos años se decía que "lo que es bueno para la General Motors es bueno para Estados Unidos". Tal vez el prestigio de la marca automotriz hoy ha disminuido, pero no hay duda de que existe una simbiosis entre el prestigio de las empresas y las naciones. También puede afirmarse que "lo que es bueno para Sony o para Toyota es bueno para Japón". De ahí que el fraude cometido por Volkswagen —otra marca emblemática— al ocultar el nivel de contaminación de algunos de sus vehículos repercuta negativamente en la imagen de seriedad de Alemania.

Una buena marca-país trae aparejada una serie de ventajas al margen de las simpatías abstractas. Aumentan el turismo, las inversiones extranjeras, el nivel de ventas a un más bajo interés de los bonos nacionales y los depósitos bancarios, dada la seguridad jurídica que sin duda existe en ellos.

Por eso es importante distinguir la *fama* de los países y la *imagen* de los países. Cuba, por ejemplo, gracias a la revolución y al interés antropológico que despierta Fidel Castro —el político latinoamericano más conocido de la historia—, tiene una enorme fama. No hay ícono contemporáneo más reproducido que la imagen del Che Guevara retratado por Korda. Aparece en millones de afiches y camisetas deportivas. Pero esa *fama* perjudica la imagen del país en el terreno de las transacciones económicas. Se asocia con violencia e inseguridad, dos de las secuelas inevitables de todas las revoluciones.

¿Cómo se sabe? The Anholt-GfK Roper Nation Brand Index mide la percepción mundial que existe sobre los 50 países principales del planeta. Para tomar el pulso, la entidad realiza unas 20 000 entrevistas que incluyen siete categorías: deportes, calidad del gobierno, cultura, personas, turismo, inmigración e inversiones. El índice de 2014, antes de que estallara el escándalo de la Volkswagen, arrojó el siguiente orden de las 10 naciones más admiradas del mundo: *1)* Alemania, *2)* Estados Unidos, *3)* Reino Unido, *4)* Francia, *5)* Canadá, *6)* Japón, *7)* Italia, *8)* Suiza, *9)* Australia y *10)* Suecia.

No es una tarea menor para cualquier presidente, que verdaderamente entienda su rol, contribuir a fijar una identidad positiva de su país. Hasta ahora, en América Latina muy pocas naciones han logrado hacerlo y sólo parcialmente. Quizá Costa Rica, asociando su nombre a las causas medioambientales. Tal vez Uruguay, defendiendo su condición democrática de ser la "Suiza de América".

Acaso Chile, con su deriva hacia la próspera modernidad de un Primer Mundo que cada vez está más cercano, pese al descrédito que últimamente le ha traído al país la fea corrupción de la familia de la presidenta Bachelet.

Afortunadamente, los ejemplos de Japón y Alemania demuestran que se puede modificar sustancialmente la imagen-país, dado que ambas naciones en 1945 representaban el peor de los horrores. Pero no se trata de una vacía campaña de publicidad dedicada a vender una falsa realidad, sino de dar a conocer a un país virtuoso donde las cosas se hacen generalmente bien.

EL PRESIDENTE COMO *OMBUDSMAN*

No olvide, Presidente, que el hecho de que no se vislumbre ninguna mejor alternativa ante la democracia liberal no quiere decir que exista entusiasmo por ese modelo de gobierno. La verdad es que el mayor problema político de América Latina es el creciente divorcio entre la sociedad y el Estado y usted puede hacer algo para remediarlo.

Las sociedades no sienten que los gobiernos, realmente, representen sus intereses y valores. Creen que los políticos son bandas de tipos corruptos que llegan al poder para enriquecerse ilegalmente. No perciben a las instituciones públicas como entidades libremente segregadas para cumplir y hacer cumplir las leyes, sino que las ven como guaridas para preservar los privilegios de los que mandan.

En casi todos los países latinoamericanos se tiene la peor opinión de los parlamentos, del sistema judicial y de las fuerzas del orden público. En casi todos, probablemente con razón, desconfían mortalmente de la presidencia. Esta situación explica por qué la estabilidad democrática pende de un hilo en nuestras naciones.

Cuando se deja de creer en el modelo político en el que vivimos, abrimos la puerta a la absurda creencia de que un grupo de revolucionarios bien intencionados, generalmente dirigidos por un caudillo carismático, impondrá el orden y la justicia en nuestras sociedades.

Fue así como los cubanos dimos la bienvenida a Fidel Castro en 1959 y los venezolanos, de otra manera, a Hugo Chávez en 1999.

Ésa es la historia de Perón, de Alberto Fujimori tras el autogolpe del 92, y de todos los hombres fuertes recibidos con una salva de aplausos en nuestros vapuleados países.

¿Tiene arreglo este desencuentro entre la sociedad y el Estado? A mi juicio, Presidente, este problema comenzaría a encontrar alivio si cambiasen parcialmente las funciones de la presidencia y se asignara a la cabeza del Estado la representación de la sociedad frente al gobierno.

Es decir, tal vez sería una buena idea agregar a las tareas de nuestros presidentes las de los *ombudsman* o protectores de los ciudadanos ante los atropellos legales que cometen los funcionarios públicos electos o designados.

Ombudsman es una palabra escandinava que designa a los defensores del pueblo frente a las actuaciones del gobierno. Los chinos los tuvieron antes del nacimiento de Cristo, y hoy casi todos los países cuentan con algún burócrata para desempeñar ese papel, aunque sin recursos para hacer cumplir sus resoluciones. Son tigres de papel.

Si en América Latina los ciudadanos pudieran comunicarle directamente al jefe de Estado sus vicisitudes, y si la Oficina de la Presidencia fuese una verdadera defensoría del pueblo dedicada a corregir entuertos, denunciar violaciones de la ley y vigilar las tareas del gobierno, paulatinamente, veríamos producirse la reconciliación entre la sociedad y el Estado.

En todo caso, algo hay que hacer. No es posible vivir en naciones estables con ese nivel de inconformidad con el sector público. Es como estar sentados sobre un polvorín.

4

La arquitectura del poder

¿Repúblicas o monarquías parlamentarias?

Presidente, en el mundo moderno —y la modernidad política tiene su fecha de nacimiento en 1776 en Estados Unidos— no hay gran diferencia de fondo entre las repúblicas presidencialistas, las repúblicas parlamentarias y las monarquías parlamentarias. Los tres modelos de Estado comparten los mismos rasgos fundamentales.

América Latina —la de origen hispano y portugués, incluso el diminuto Haití parido por los franceses— copió el modelo presidencialista de Estados Unidos, pero lo adulteró con frecuentes golpes militares que traicionaban lo fundamental de una verdadera república concebida para expresar la voluntad de los ciudadanos, siempre sujetos a los límites establecidos por la Constitución.

Los seis elementos en los que teóricamente coinciden presidencialismo y parlamentarismo son los que legitiman y le dan forma y sentido a los verdaderos Estados de derecho:

- sujeción voluntaria a la ley de todos (o casi todos) los ciudadanos;
- límites constitucionales a la autoridad;
- división de la autoridad en dos o tres Poderes (en el parlamentarismo el Poder Ejecutivo es seleccionado por el Parlamento);
- respeto por los derechos individuales;
- comicios libres y plurales acordados dentro de un calendario electoral;
- rendición de cuentas.

En esos rasgos coinciden el Canadá parlamentario, cuyo primer ministro es seleccionado por una mayoría de los diputados y puede reelegirse indefinidamente mientras esa mayoría así lo desee, y Estados Unidos, república presidencialista al frente de cuyo Poder Ejecutivo se encuentra un presidente que sólo puede ocupar ese cargo durante dos mandatos consecutivos por un imperativo constitucional aprobado en 1951 (Vigésima segunda enmienda).

¿Es mejor o peor el parlamentarismo o el presidencialismo? Según dejó escrito en un memorable artículo el politólogo Juan Linz, profesor de Yale ya fallecido, el parlamentarismo tiene la ventaja de que encaja mejor las crisis y puede sustituir sin grandes traumas a la cabeza del gobierno. Al menos la América de cultura inglesa —Estados Unidos, Canadá, Jamaica, Guyana y el resto de las "West Indies"— ha mostrado una mayor estabilidad política que los países presidencialistas hispanoamericanos.

¿Se debe esto al parlamentarismo o a otros componentes culturales? A mi juicio, la clave no está en la estructura del poder sino en los valores prevalecientes entre las personas y cómo éstos se reflejan en las relaciones de los ciudadanos con la ley. Tal vez el país más estable del planeta es Suiza, y se trata de una república federal creada a partir de tres etnias diferentes que fuera del país han vivido a la greña, cuya jefatura de gobierno la ocupa un presidente anualmente rotatorio. O sea, es la estructura más frágil, pero sostenida por la enorme cultura cívica de esa sociedad, o por lo que hoy los sociólogos llaman "capital cívico".

Se pueden tener falsas repúblicas presidencialistas, como la Venezuela chavista o el Paraguay en la época de Stroessner, y falsas repúblicas parlamentarias como Cuba comunista, a cuyo presidente supuestamente lo elige un parlamento *democrático* escogido dentro de las normas de una Constitución que sólo permite un partido, el Comunista, naturalmente.

Si en Estados Unidos las Fuerzas Armadas y todas las instituciones del Estado se subordinan a la ley, y cuando se suscita una controversia todos acatan las sentencias del Tribunal Supremo, aunque no estén conformes con ellas, como sucedió durante las elecciones del año 2000 en las que resultó electo George W. Bush (hijo), es porque el conjunto de la ciudadanía, y muy especialmente la clase dirigente, comparte un principio republicano clave: *the law of the land is sacred.*

Una sociedad que no tiene los valores y principios adecuados difícilmente puede segregar un verdadero Estado de derecho. Los tigres no paren mariposas. Entender esta dolorosa verdad señala una de las tareas fundamentales de los presidentes: contribuir a cambiar la mentalidad social prevaleciente para que los valores democráticos arraiguen y todos (o casi todos) los ciudadanos se coloquen voluntariamente bajo la autoridad de la ley.

Constituciones

Hablemos ahora, Presidente, de las Constituciones. Cada vez que un país latinoamericano experimenta una conmoción, suele convocar a una asamblea para crear una nueva Constitución. Ésa ha sido la lamentable regla. Desde la declaración de Independencia, sin contar numerosas reformas, República Dominicana ha tenido 38 Constituciones, Venezuela 17, Honduras 16, México 12 y Colombia 9.

La historia se repite en cada nación de nuestra cultura. Tal vez la enorme cantidad de Constituciones refleja la inestabilidad de nuestros países, pero bajo ese hecho lamentable también subyace la ingenua creencia de que con este ritual constitucionalista se pueden corregir mágicamente los problemas nacionales. Todo está en que las soluciones se consignen en un código de obligatorio cumplimiento. No acabamos de entender que las leyes valen tanto como la determinación que tengan los ciudadanos de acatarlas.

Mientras eso sucede en Hispanoamérica, los estadounidenses, en cambio, han tenido sólo una Constitución. Saben que con la Constitución no se juega. Ahí, en ese texto, están las reglas del juego y es preferible no cambiarlas frecuentemente para no confundir a los ciudadanos.

Además, una de las conquistas del Estado de derecho es el surgimiento del "patriotismo constitucional". La vinculación a la patria no viene dada por el emotivo relato tradicional de las guerras de

Independencia o del culto a quienes la hicieron posible, como suele ocurrir en nuestros países, sino por la voluntaria sujeción a la ley. En las repúblicas se jura lealtad a la Constitución. Eso es lo que nos hace ciudadanos. No es el color de la piel, los rasgos, las creencias religiosas o el origen familiar. Es la ley común lo que nos vincula.

Uno de nuestros errores frecuentes al redactar Constituciones es convertir las legítimas aspiraciones de los pueblos en "derechos". De ahí que se hable de "derecho a un techo digno, a un sistema de salud adecuado y a una educación de calidad". Todos estos bienes y servicios cuestan dinero y la sociedad tiene que generarlos. Alguien tiene que pagar por ellos.

Lo mismo sucede con el supuesto "derecho a un trabajo justamente recompensado". Para que ese empleo exista tiene que haber una empresa pública o privada que lo brinde y unos consumidores que estén dispuestos a pagar por lo que esa entidad produzca, siempre que sea un precio suficiente para poder enfrentar los costos y producir beneficios.

¿Existe esa empresa? ¿Hay necesidad o mercado para lo que ésta produce? ¿Dispone de dinero la sociedad para adquirir esos bienes y servicios? Si alguna de estas tres preguntas tiene una respuesta negativa, lo probable es que no exista ese puesto de trabajo *digno*, lo que convierte en una burla ese supuesto "derecho a un trabajo justamente recompensado".

En definitiva, ¿cómo deben ser las Constituciones? Deben ser breves y circunscribirse a delimitar cuáles son los derechos individuales fundamentales (no los falsos derechos económicos que acaso deban anotarse como "aspiraciones legítimas"), dejando el resto del ordenamiento jurídico a la legislación ordinaria, de manera que las leyes puedan ser abolidas o modificadas mediante un simple acto parlamentario sin necesidad de derogar o sustituir la Constitución.

Eso sí: es absolutamente necesario que exista un alto e inapelable tribunal que sea capaz de dictaminar si una ley aprobada viola el espíritu de la Constitución, circunstancia que determinaría su abrogación.

Por último, retomo lo antes señalado: la operatividad de la Constitución estará en función del pueblo que la aplique. Inglaterra, que inventó el constitucionalismo, en realidad no cuenta con una Constitución y los jueces, en gran medida, se valen de la jurisprudencia para dictar sentencias.

Cuando Israel surgió en 1948 como una nación independiente, la democracia israelí adquirió el compromiso de redactar una Constitución, aunque el país contaba con una especie de principios fundamentales. Sin embargo, no ha podido aprobar esa "ley de leyes" por la heterogeneidad parcialmente hostil de su Parlamento, lo que no le ha impedido crear el único Estado de derecho en esa atormentada región del planeta. Un Estado de derecho tan serio que ha condenado al ex primer ministro Ehud Olmert a 18 meses de cárcel por recibir un soborno de 14 000 euros (unos 16 000 dólares).

5

Los tres poderes

Presidente, John Locke, en su *Segundo tratado sobre el gobierno civil*, publicado en 1689, como es notorio, postula la necesidad de dividir la autoridad en diversos Poderes para evitar la tiranía. Según Locke, padre de la democracia liberal, el Poder más importante era el Legislativo, dado que de la racionalidad e idoneidad de las reglas se derivaba la gobernabilidad de las naciones.

No obstante, fue un apasionado lector de Locke, el aristócrata francés Charles-Luis de Secondat, barón de Montesquieu, quien medio siglo más tarde formuló exitosamente el imperativo de crear tres ramas de gobierno, de acuerdo con las tareas que se realizan: el Poder Ejecutivo, el Legislativo y el Judicial. Montesquieu es el autor de *El espíritu de las leyes* (1748).

El Poder Ejecutivo

El presidente encarna el Poder Ejecutivo. Es la cara del Estado. Casi nadie piensa en el presidente de la Corte Suprema o del Parlamento cuando se juzga la labor del gobierno o la calidad del Estado en que se vive. Por eso es fundamental que sea una persona competente, honrada, laboriosa y creíble; de ahí la enorme importancia que usted tiene, Presidente.

Es verdad que el presidente es un ser humano como todos, con defectos y virtudes, pero es necesario que quien ocupe la presidencia entienda que, en la práctica, dejó de tener vida privada y cada minuto de su existencia será minuciosamente escrutado por sus conciudadanos. Si quiere ser presidente deberá pagar ese peaje. Es parte de su empleo.

Al mismo tiempo, si es una persona virtuosa, o si carece de decoro, ese componente de su personalidad pasará a formar parte del modelo nacional de comportamiento. Si es honrado, sus funcionarios y conciudadanos tenderán a imitarlo, pero si es ladrón, aunque lo critiquen, muchos encontrarán en el presidente una justificación para repetir ese modo reprobable de actuar.

Le toca al presidente la responsabilidad de conseguir que el gobierno *ejecute*, que haga *cosas* en beneficio de la sociedad que lo ha elegido. En América Latina, tan necesitada de infraestructura, se asocia el nombre de los buenos y malos gobernantes a las obras públicas que dejó hechas o en vías de realización.

Pero lograr que se "hagan las cosas", que se ejecuten los presupuestos en tiempo y forma, es un arte complicado y lleno de frustraciones. Hace años, un ex gobernante latinoamericano me hizo una confesión franca: "En mi primer periodo no logré casi nada porque creía que mi misión era inspirar a los demás, así que me la pasé dando unos bellos discursos sobre la democracia y el desarrollo. Afortunadamente, el electorado me eligió por segunda vez y entonces me dediqué a *hacer cosas*".

El síntoma más evidente de la inoperancia de su primer gobierno lo tuvo como consecuencia de un trágico episodio: un turista que nadaba en la playa resultó muerto por las aspas del motor de una lancha de recreo. En su país, el turismo es un elemento muy importante de la economía y como jefe de gobierno decidió actuar y ordenó que en todos los puntos peligrosos se colocaran boyas de advertencia. No obstante, la burocracia comenzó a crear dificultades y terminó su mandato sin conseguir que se boyaran las playas.

Escarmentado, en su segundo periodo este político utilizó la técnica de la "gerencia por objetivos". Cada ministerio preparó un plan de acción, un presupuesto y un calendario de lo que se pretendía lograr, dividiendo los objetivos finales en tramos. Simultáneamente, designó a un superministro —en realidad era una competente señora que procedía de la industria privada— cuya función era verificar que las obras se llevaban a cabo de acuerdo con los presupuestos y en los tiempos previstos. Había una hoja de ruta y un responsable.

Por eso, cuando mi amigo abandonó la casa de gobierno, su nivel de aprobación era excelente. Sus conciudadanos suelen evocar su memoria con simpatía porque había "hecho cosas", aunque nunca abandonó su buena costumbre de pronunciar notables discursos.

Al presidente Juscelino Kubitschek (1956-1961), elegido democráticamente, los brasileños lo recuerdan con veneración por haber creado Brasilia, la nueva capital de la nación. Incluso al general golpista Marcos Pérez Jiménez (1953-1958), muchos venezolanos lo defienden por las obras públicas que dejó hechas, sin negar que fue deshonesto y cometió atrocidades.

La piedra, qué duda cabe, es muy importante. Es lo que se ve y para cualquier presidente es importante que su nombre se asocie a buenas y duraderas obras públicas. Pero acaso más importante, aunque no rinda réditos electorales, es lo que no se ve. Por ejemplo, fortalecer al resto de las instituciones. Usualmente, puede legislar por medio de decretos, o consensuar con el Parlamento para administrar los bienes comunes y crear las condiciones para el mejor funcionamiento de la república.

Es muy importante, además, que el presidente conozca sus limitaciones y las del país, provincia, distrito o lo que sea, que le ha tocado gobernar. Que tenga presente que su labor será breve, dure lo que dure, si la insertamos en el contexto de la historia. Por eso, una de sus principales labores será fortalecer o crear una institución política, un partido, que sea capaz de llevar adelante un plan de desarrollo de largo alcance.

Por lo que aprendimos en la segunda mitad del siglo XX, tras la Segunda Guerra Mundial (1939-1945), es posible en 20 o 25 años darle un vuelco completo a la historia de una nación, pero eso no es obra de un hombre, sino de un par de generaciones capaces de mantener un proyecto-país capaz de crecer anualmente a más de un 5% como mínimo.

Desde el punto de vista de la naturaleza de sus funciones, un gobierno es un gigantesco *holding* de empresas con decenas de miles de trabajadores que brindan sus servicios de seguridad (policías, militares, bomberos), educación (maestros), sanidad, limpieza, comunicación (carreteras, puertos y aeropuertos) y un prolongado etcétera.

Pero un *holding* de empresas de servicio tiene, al menos, dos limitaciones importantes. Primero, las necesidades son siempre mucho mayores que la capacidad de satisfacerlas. Segundo, en la sociedad civil el objetivo primordial de las empresas es obtener beneficios a cambio de prestar un servicio en medio de una feroz competencia. En el Estado se invierten los términos: el objetivo primordial es brindar el servicio, no obtener beneficios. Por otra parte, no suele haber competencia porque los costos del servicio no los paga el usuario directamente.

No obstante, se espera del presidente que mejore y extienda la calidad de la enseñanza y de la sanidad.

El Poder Legislativo

Presidente, en casi todos los países no hay institución peor valorada por los ciudadanos que el Parlamento, pese a su tremenda importancia.

¿Por qué? En algunas naciones latinoamericanas, el Poder Ejecutivo soborna a los parlamentarios para que sancionen las leyes. En Guatemala, hace años, los diputados recibían dinero en efectivo de parte del presidente. En Nicaragua, para aprobar la reelección indefinida del gobernante, fueron comprados varios representantes de la oposición. Los últimos votos necesarios para obtener la mayoría alcanzaron cifras astronómicas. En otros países se compran las postulaciones a precios elevados, capital que luego se recupera por medio de la venta de influencias.

Junto a la corrupción, otro flagelo afecta al Poder Legislativo: la ignorancia. Legislar es demasiado importante para permitir que cualquier persona acceda al Parlamento. Si se les exige a los cirujanos unos estudios universitarios razonables para acceder a los quirófanos, los legisladores, cuyos actos afectan al conjunto de la sociedad, deberían examinarse previamente en algunas materias como derecho y economía para poder ejercer como parlamentarios.

Asimismo, es indignante que los legisladores gocen de inmunidad y no puedan ser acusados ante los tribunales sin que sus compañeros lo permitan. Esa medida, concebida para proteger a los legisladores de las persecuciones políticas partidistas, ha servido para convertir los parlamentos en santuarios de delincuentes.

¿Cómo se construye un buen Parlamento? Primero, admitiendo que es preferible que sea un cuerpo representativo pequeño para que fluyan los acuerdos. Segundo, filtrando a los diputados por su formación académica y su conducta cívica. No debe ser candidato una persona convicta de delitos. Tercero, con un reglamento que permita la aprobación o la abolición de leyes con cierta celeridad, en el que no sean posibles el *filibusterismo*, como sucede en Estados Unidos, o la obstrucción sistemática, como ocurre en Costa Rica.

Como sucede en algunas democracias, es conveniente que cada iniciativa legislativa explique cuánto cuesta, quiénes se beneficiarán y quiénes se perjudicarán, y de qué partida presupuestaria saldrán los fondos para pagar esos costos. Así se evita el "buenismo" demagógico de los legisladores que hacen justicia social repartiendo unos bienes u otorgando unos servicios que no existen.

Tampoco es mala idea que las leyes caduquen automáticamente, a menos que se renueven voluntariamente cuando llegan a su fin, para que los códigos no se conviertan en depósitos de piezas legislativas coyunturales que tienen el perverso efecto de enmarañar innecesariamente los procesos legales.

¿Deben responder los legisladores a los electores o a la disciplina del partido? La pregunta engloba una vieja discusión sobre la naturaleza de la democracia representativa. ¿Eligen los ciudadanos a una persona para que interprete en el Parlamento el criterio de los electores o para que vote como mejor le dicten su conciencia moral y su intelecto? ¿Debe votar como vota el partido o de acuerdo con su criterio?

A mi juicio, dado que es imposible interpretar y adoptar el criterio de todos los electores de un distrito, porque habrá muchas variaciones entre ellos, lo más razonable es que el legislador vote de acuerdo con su leal saber y entender. De ahí que sea extremadamente importante llevar al Parlamento a personas inteligentes, con sentido común y con una buena estructura moral. De ahí también se colige que no siempre se tiene que coincidir con el partido propio, y muy especialmente en cuestiones de conciencia.

¿Una o dos Cámaras? Como la democracia liberal surgió de la experiencia angloamericana, la mayor parte de los países que se asomaron a ella adoptaron las dos Cámaras. Los ingleses contaban con la de los Lores y la de los Comunes, reflejando con ello el origen clasista de las instituciones parlamentarias.

Los estadounidenses utilizaron el mismo esquema, pero para darles a los estados representación igualitaria en el Senado, independientemente de su tamaño y población, y a las personas, en cambio, una representación proporcional en el Congreso. Comoquiera que el número de congresistas estadounidenses se ha fijado en 435 y la población aumenta paulatinamente, cada vez son más los ciudadanos representados por los congresistas.

La cualidad bicameral tiene el inconveniente de dilatar innecesariamente el proceso legislativo, pero también la ventaja de que a veces es provechoso un examen minucioso y doble de las leyes para evitar contratiempos. En todo caso, lo que parece más conveniente es que el Senado sea una institución para la reflexión y la recomendación ponderada sobre las leyes propuestas por la Cámara Baja, y no necesariamente una fuente de iniciativas legislativas.

Un Senado con esa característica técnica, no necesariamente democrático ni representativo, cuyos miembros podrían ser designados por los Poderes Legislativo y Ejecutivo, y cuyos dictámenes no sean vinculantes, podría servirse del *expertise* de los juristas, economistas, politólogos y otros profesionales notables capaces de asistir a los congresistas en sus tareas, pero no deseosos de convertirse en políticos profesionales dedicados a ganar elecciones. De alguna forma, constituiría una especie de *think-tank* apartidista al servicio de la nación.

Por último, está el tema de la remuneración. Hay dos escuelas de pensamiento. La de quienes opinan que los legisladores deben recibir buenos salarios para que no tengan la justificación ni la tentación de ser deshonestos, y la de los que creen que legislar es una obligación ciudadana que debe desempeñarse *ad honorem*, sin pago alguno, con lo cual se evita la creación de profesionales de la política que no van al sector público a servir, sino a ganar un salario. En Estados Unidos, por ejemplo, hay estados, como Florida, donde los legisladores estatales no reciben sueldos, sino unos pequeños gastos de representación. Lo mismo sucede con diversos alcaldes y concejales.

A mi juicio, es preferible contar con buenos legisladores profesionales que hagan de su trabajo un modo de vida, que con ciudadanos acaso menos competentes que acudan al Parlamento como una obligación para la que no tienen una clara vocación.

El Poder Judicial

Tal vez no hay un factor de legitimación del poder tan fuerte como la existencia de un Poder Judicial independiente capaz de hacer justicia. Eso es a lo que llaman *seguridad jurídica*. En la Edad Media, cuando se formaron los embriones de lo que luego serían las naciones, la labor que unía al soberano con los súbditos era la capacidad de imponer la justicia que tenían los reyes. La *jurisdicción* era exactamente eso: el ámbito en el que el rey *decía derecho*, o sea, impartía justicia.

Los jueces, no hay duda, constituyen el aspecto más importante de cualquier democracia liberal, aunque ellos no sean elegidos. Más aún: conviene que no sean elegidos para que no respondan a otra cosa que a la majestad de la ley. En los países en los que algunos jueces son elegidos, como sucede en Estados Unidos, se produce el triste espectáculo de los *lobbies* o los poderosos bufetes de abogados que aportan dinero a los candidatos, lo que inevitablemente crea lazos de dependencia.

En muchos casos, especialmente en el ámbito del derecho civil, es conveniente que existan mecanismos de arbitraje administrados fuera del Poder Judicial por autoridades independientes libremente escogidas por las partes en litigio. Las cámaras de comercio, los colegios profesionales, los bufetes prestigiosos pueden prestar ese servicio y aliviar con ello el trabajo inmenso que suele paralizar o demorar la impartición de justicia.

En todo caso, lo crucial es que los jueces estén bien formados profesional y moralmente. Que conozcan a fondo las normas procesales y las leyes, y que suscriban los fundamentos éticos que las sustentan. Que no se manifiesten como jueces de derecha o izquierda, sino como intérpretes fieles de las leyes escritas y del espíritu con que fueron concebidas. Que no sean parciales en ninguna circunstancia. Si hay una profesión que exige la presencia de los mejores representantes de cualquier sociedad, ésa es la judicatura.

El presidente y la clase política harían muy bien en aprender que no hay peor servicio a la idea y el funcionamiento de la democracia liberal, ya sea en una república o en una monarquía constitucional, que tratar de cooptar al Poder Judicial reclutando jueces parcializados para ponerlos al servicio del Poder Ejecutivo. Esa práctica, presente en democracias acreditadas, como España, en regímenes imperfectos como el argentino, en protodictaduras como la Venezuela del chavismo, es nefasta y conduce al descrédito del sistema de justicia.

Por otra parte, da lugar a la práctica nociva de continuar las querellas políticas en el ámbito judicial, pero con un agravante: donde se ha impuesto la politización del Poder Judicial, los jueces que servían al anterior Ejecutivo, o los jueces nuevos nombrados por razones políticas, se vuelven contra los anteriores amos y los persiguen con saña. Eso lo vemos en casi toda América Latina, donde el que llega al poder con frecuencia se dedica a perseguir a los anteriores gobernantes.

Pero eso que llamamos *justicia* ni comienza ni se agota en los tribunales. Es necesario que el proceso fluya con rapidez. "Justicia demorada es justicia negada", establece el *dictum* popular. Es esencial que los legisladores aprueben leyes y códigos penales de calidad, justos, claros e imparciales. Que la policía actúe correctamente respetando los derechos de los presuntos delincuentes sin olvidar los de las víctimas. Que los fiscales sean capaces de instruir cargos adecuadamente. Que los jueces tengan una gran formación en escuelas especializadas para que dicten sentencias ejemplares. Que las cárceles no sean almacenes de personas maltratadas ni escuelas para perfeccionar a los delincuentes, sino sitios donde se castigue a los infractores, pero también donde puedan redimirse, aunque sepamos que sólo una minoría logra esa transformación.

¿Dónde comienza la depuración de *todo* el sistema judicial? En primer término, en la calle, con una buena divulgación de la tremenda importancia que tiene para cualquier sociedad poder contar con seguridad jurídica, dado que todos los actos de nuestra vida tienen una connotación. En segundo lugar, en las facultades donde se estudia derecho.

Esa disciplina no puede ser la cenicienta de las universidades. Las facultades de Derecho deben tener una calidad muy alta porque de ahí saldrá la mayor parte de los legisladores y la totalidad de los jueces. También es necesario que jueces y fiscales ganen un salario decente y tengan un gran reconocimiento social para que los buenos abogados encentren atractivo el desempeño de esas labores, y no como sucede en la mayor parte de nuestros países, donde, con frecuencia, los estudiantes peor formados y con menos luces acuden al sistema judicial para ganarse la vida.

Un presidente decidido a mejorar la calidad del Poder Judicial debe comenzar su trabajo con una conversación a fondo con los decanos de las escuelas de Derecho, y no olvidar la relación con la policía y con los alcaides que manejan las cárceles, porque todo eso constituye una de las caras más visibles del Estado.

6

Ideologías

Hasta ahora, Presidente, no hemos hablado de ideología, pero doy por sentado que usted es un demócrata perteneciente a la vasta familia de la democracia liberal. Me lo supongo respetuoso, como debe ser, de la sujeción de todos al imperio de la ley en condiciones de igualdad, creyente en que el gobierno debe estar claramente limitado por la Constitución, que deben respetarse los derechos humanos y civiles de los ciudadanos, que quienes ejercen la autoridad están obligados a cumplir las normas, a actuar con total transparencia y a someterse periódicamente a la regla de la mayoría en elecciones libres y plurales. Ése es el retrato-robot de la democracia liberal.

Así son y así funcionan, al menos en teoría, los liberales y libertarios, los socialdemócratas y socialistas, los democristianos y socialcristianos, y los conservadores y neoconservadores. Por eso, dentro de la Unión Europea se establecen gobiernos de coalición en que se combinan en el poder formaciones políticas de distintos orígenes. Cuando escribo este libro, por ejemplo, en Alemania gobierna una gran coalición que incluye a los mayoritarios democristianos junto a los socialdemócratas. En el pasado, los liberales han servido para formar gobierno, tanto junto a democristianos como a socialdemócratas.

Excluyo de la familia de la democracia liberal a los comunistas y neocomunistas, a los fascistas, a los militares golpistas de cualquier signo, a los gobiernos del llamado Socialismo del Siglo xxi, porque, como los teócratas de Irán, los llamados ayatolás, utilizan los mecanismos de la democracia para legitimar gobiernos autoritarios o dominados por el fanatismo religioso y el control absoluto de la sociedad civil por parte del Estado.

Antes de seguir es conveniente hacer dos aclaraciones. En primer lugar, en Estados Unidos le dan a la palabra *liberal* un significado diferente al que tiene en el resto del mundo, y muy concretamente en España, donde nació el vocablo a principios del siglo XIX. Para Estados Unidos (aproximadamente), liberal es lo que en el resto del mundo llaman *socialdemócrata*. Sin embargo, cuando los estadounidenses hablan de *classic liberal* coinciden con los demás. En este libro utilizamos la palabra *liberal* en el sentido original y casi universal, y no en la acepción estadounidense.

En segundo lugar: el liberalismo no es una ideología, en la medida en que los liberales no proponen un camino para transitar hacia un destino fulgurante, ni piensan, como los marxistas, que hay un camino histórico previsto o tendencias irreversibles. Los liberales creen que las personas, con sus decisiones, van moldeando el presente en todos los ámbitos de la existencia, y se limitan a crear instituciones para que se pueda ejercer la facultad de ser libres. Es, eso sí, una tendencia política.

Como usted tendrá que escoger con cuál familia política de la democracia liberal se siente más identificado, o acaso declarará que es un líder *transversal* que prefiere combinar varias visiones, es muy útil que, al menos, conozca los trazos principales de estas tendencias.

En todo caso, aquí va una breve descripción de todas ellas, advirtiéndole de antemano que el elemento más significativo que las caracteriza es el orden de la escala axiológica. Es decir, las prioridades que les asignan a los valores que proclaman y defienden.

LIBERALES

Para los liberales, lo más importante es la libertad individual, rasgo que los libertarios, una expresión extrema del liberalismo, aumentan con la militante objeción de la intromisión del Estado en la mayor parte de las actividades. Los liberales defienden la libertad individual, y junto a ella, como la otra cara de la moneda, la responsabilidad individual. Uno debe poder tomar sin interferencias exteriores las decisiones importantes de la vida, pero, simultáneamente, uno debe ser responsable de sus actos.

Usualmente, la clientela política más frecuente de los liberales está formada por pequeños propietarios, profesionales e intelectuales. Sus apóstoles filosóficos y económicos son John Locke, Adam Smith, los economistas austriacos, con Ludwig von Mises y Friedrich von Hayek a la cabeza, pero la lista incluye a otras notables personalidades, algunas de ellas galardonadas con el Premio Nobel de Economía, como es el caso del propio Hayek y de Milton Friedman.

Los libertarios, en general, se sienten más cómodos en el vecindario ideológico de Ayn Rand, la escritora ruso-americana, autora de novelas muy exitosas —*La rebelión de Atlas, El manantial, Los que vivimos*—, ensayos y guiones de cine, quien propuso su propia filosofía, a la que llamó "objetivismo", como creencia y como conducta. La propia Rand la definió así: "Mi filosofía es, en esencia, el concepto del hombre como un ser heroico, con su propia felicidad como propósito moral de su vida, con el logro productivo como su actividad más noble y con la razón como su único absoluto". Para Rand, el altruismo no es una obligación moral, sino una construcción de los ideólogos que, con frecuencia, conduce al empobrecimiento colectivo y al envilecimiento de las sociedades.

Los liberales cuentan con una federación internacional, la Internacional Liberal, que agrupa a casi un centenar de partidos políticos y grupos proliberales de todo el mundo. La estructura funciona, primordialmente, como una fuente de solidaridad y contactos. La fundó Salvador de Madariaga en 1947, escritor español exiliado en Londres a causa de la dictadura de Franco, convencido de que la locura nazi-fascista que precipitó la Segunda Guerra Mundial se debió al olvido de los principios liberales.

Algunos partidos reciben diversos tipos de ayuda y asesoría por cuenta de la fundación alemana Friedrich Naumann, una institución privada, pero dotada de fondos públicos, empeñada en difundir las ideas de la libertad en el mundo. Junto a ella, pero sin vínculos internacionales, comparecen otras fundaciones como el Cato Institute, de Washington, o la Universidad Francisco Marroquín, de Guatemala.

SOCIALDEMÓCRATAS Y SOCIALISTAS

Para los socialdemócratas, el valor primordial es la *justicia*, circunscrita, fundamentalmente, al acceso equitativo de todas las personas a los bienes y servicios materiales disponibles. Casi siempre la palabra *socialdemócrata* es sinónimo de un Estado central fuerte que redistribuye la riqueza ya creada por agentes económicos privados, o la crea y, de alguna manera, la distribuye directamente, mediante el control parcial de los medios de producción. Su clientela política suelen ser los trabajadores, los sindicatos y cierto sector de la *intelligentsia*. El rasgo económico más acusado es el elevado gasto público, a veces llamado "gasto social".

Socialista es una palabra ambigua. Así tradicionalmente se han llamado los comunistas (Unión de Repúblicas Socialistas Soviéticas), subrayando que se trataba de una etapa en el camino al comunismo pleno y final. El socialismo comunista, vigente desde 1848, tras la publicación del *Manifiesto comunista* por Karl Marx y Friedrich Engels, optó por apellidarse "científico" para distinguirse del "utópico", predicado por personajes como los franceses Henri de Saint-Simon y Charles Fourier en la primera mitad del siglo XIX.

El socialismo democrático es un derivado de las concepciones marxistas ocurridas en el último tercio del siglo XIX. Su figura emblemática fue el alemán Ferdinand Lassalle. Se caracterizó por renunciar a la dictadura del proletariado. Paulatinamente, en diversos países de Occidente el plan marxista original devino en partidos reformistas con cierto grado de planificación centralizada y un limitado proyecto de nacionalización de ciertas industrias. En 1959, el Partido Socialdemócrata de Alemania, reunido en Bad Godesberg, renunció oficialmente al marxismo. Veinte años más tarde, en 1979, en plena transición a la democracia, lo hizo el Partido Socialista Obrero Español (PSOE), bajo la dirección de Felipe González.

Aunque hay varios economistas notables que defienden ese modelo, el inglés John Maynard Keynes, sin proponérselo (dado que su intención era salvar al capitalismo de la crisis de la década de 1930), ha quedado como el gran referente intelectual por haber postulado la necesidad de que el gobierno se convirtiera en el agente económico clave de la sociedad mediante el recurso de utilizar el gasto público para impedir los ciclos económicos contractivos y el desempleo generalizado. Ante el riesgo de recesión, se incrementa el gasto público, aun cuando aumente la inflación. Y cuando se ha logrado superarlo, el gasto público se recorta y ajusta.

El primer objetivo de los partidos socialdemócratas fue crear un tipo de sociedad en la que los intereses colectivos primaran sobre los individuales. Buscaban un modelo político y económico que por medios pacíficos y democráticos superara el egoísmo capitalista, repartiera más equitativamente la riqueza y evitara los excesos represivos del comunismo.

Los socialistas, socialdemócratas y laboristas cuentan con una federación, la Internacional Socialista, refundada en 1951, tras la Segunda Guerra Mundial, heredera de la Segunda Internacional (1889), un desgajamiento de la Primera, creada por Karl Marx y Mijail Bakunin en 1864. Es la mayor de las *Internacionales*. Tiene su sede en Londres, cuenta con unos 160 partidos y agrupaciones políticas y es una magnífica caja de resonancia. Como suele ocurrir en las Internacionales, entre sus miembros hay algunos partidos que tienen poco que ver con los valores de la libertad. Uno de ellos es el Frente Sandinista nicaragüense.

La Internacional Socialista, y muchos de los partidos que la integran, tiene el respaldo de la fundación alemana Friedrich Ebert.

DEMÓCRATAS CRISTIANOS

Los demócratas cristianos colocan al frente de su escala de valores la llamada "justicia social", unida a la fe cristiana, aunque la suscriben partidos no confesionales. Es una mezcla de socialdemocracia y conservadurismo, acompañada por una subordinación a la idea de la trascendencia de los seres humanos.

Sus pensadores más notables son Jacques Maritain y Emmanuel Mounier y la referencia teórica más directa de esta corriente política es la Doctrina Social de la Iglesia (DSI), un cuerpo ideológico basado en los evangelios y en los textos escritos por los papas o en documentos aprobados por los Concilios. Un buen resumen de la DSI puede hallarse en el *Compendio de la Doctrina Social de la Iglesia*. La expresión *justicia social* fue acuñada por un sacerdote italiano a mediados del siglo XIX, pero no puede hablarse de la DSI hasta la promulgación de la encíclica *Rerum Novarum* (RN) en 1891, en la que el papa León XIII aporta la visión del Vaticano acerca de los problemas sociales de la época. A partir de ese punto se acumulan los documentos dictados por diferentes papas, entre otros: *Quadragesimo anno* (a los 40 años de *RN*), *Mater et magistra, Pacem in terris, Gaudium et spes, Populorum progressio* y *Centesimus annus* (a los 100 años de *RN*).

Varias docenas de partidos vinculados a esta tendencia se agrupan en la Internacional Demócrata de Centro, llamada hasta hace unos años Internacional Demócrata Cristiana, cuya oficina radica en Bruselas. Es la fuerza más nutrida dentro del Parlamento Europeo (Partido Popular Europeo). La expresión regional latinoamericana de esta fuerza se conoce como ODCA (Organización Demócrata Cristiana de América), y algunos de sus partidos han gobernado en Venezuela (COPEI), Chile (PDC), México (PAN) y República Dominicana (Partido Reformista).

Hay dos fundaciones alemanas muy competentes que brindan sus servicios a la Internacional Demócrata de Centro: la Fundación Konrad Adenauer, vinculada al Partido Demócrata Cristiano, y la Fundación Hanns Seidel, dependiente del CDU o Unión Cristiano Demócrata de Baviera.

CONSERVADORES

Para los conservadores lo fundamental es la preservación del orden. No quiere decir que no respalden las libertades o los procedimientos democráticos, pero para ellos el orden social es lo más importante. Por eso se oponen a las revoluciones y muestran cierta intolerancia frente a los cambios y, sobre todo, frente a los agentes de los cambios. Suelen ser, claro, anticomunistas.

Junto al orden, suelen colocar el respeto a la religión, las tradiciones y la historia nacional. Son nacionalistas y, por lo tanto, sospechan de lo foráneo y predican el proteccionismo. Los pensadores y políticos conservadores son muchos y muy notables. Por ejemplo, el inglés de finales del XVIII Edmund Burke es un caso destacadísimo. Otros son el francés Joseph de Maistre, el alemán Otto von Bismarck y los pensadores españoles Jaime Balmes y Donoso Cortés.

En el plano internacional se congregan en la Unión Internacional Demócrata, o UDI, como se le conoce en español. Hoy forman parte de ella más de 70 partidos de distintas partes del mundo, algunos de ellos muy conocidos porque han ejercido el poder. Fue fundada a mediados de la década de 1980 por impulso de Margaret Thatcher, George Bush (padre) y el francés Jacques Chirac. Tiene su sede en Oslo, Noruega, y entre los latinoamericanos pertenecen el Partido Conservador de Colombia, ARENA de El Salvador y el Partido Conservador de Nicaragua.

II

Cómo se llega a la presidencia

7

La campaña electoral

Supongamos, por supuesto, que usted desea ser elegido como presidente dentro de un sistema político multipartidista organizado por medio de elecciones. Lo primero, inevitablemente, es conseguir que el conjunto de la sociedad lo tome en cuenta como alguien "presidenciable".

Eso se logra con una combinación de notoriedad —es muy importante el *name recognition*—, la pertenencia (a veces) a un partido político que pueda postularlo y la asociación de su nombre a alguna actividad exitosa. A Ronald Reagan lo hizo *presidenciable* —más allá de que deseara ardientemente ser candidato— el apoyo de un grupo notable de intelectuales conocidos como *neocons* o neoconservadores que procedían, muchos de ellos, de la izquierda. El manifiesto de respaldo fue encabezado por Norman Podhoretz, un ensayista muy prestigioso y, aunque no le trajo votos, le confirió cierta gravedad y sirvió para disipar la idea de que se trataba de un frívolo actor de Hollywood.

Generalmente, suelen ser buenos candidatos, especialmente en épocas tumultuosas, los militares que han triunfado en guerras o batallas, o que tienen fama de ser personas organizadas y con carácter. O los parlamentarios prominentes. O los alcaldes o gobernadores que han hecho una buena labor gerencial. O ciertos intelectuales a los que, según el *dictum* popular, "les cabe el país en la cabeza". O empresarios exitosos con fama de saber "hacer las cosas". En definitiva, los *doers* que no se entretienen en los discursos, sino que formulan proyectos y son capaces de realizarlos en los plazos previstos.

Incluso, a veces han triunfado los periodistas y comunicadores de radio y televisión, generalmente dedicados al análisis político, con cuyas voces y rostros la sociedad está familiarizada, como fueron el presidente Mauricio Funes en El Salvador o el vicepresidente Carlos Mesa en Bolivia, este último elevado a la presidencia tras la renuncia forzada de Gonzalo Sánchez de Lozada, gesto que muchos interpretaron como una deslealtad cercana a la traición.

A veces, claro, se da la circunstancia de que el electorado vota en contra del *statu quo* y elige a un candidato que no tiene las credenciales adecuadas, pero tampoco hay nada en su expediente que lo desacredite. Ése parece haber sido el caso del actor Jimmy Morales, elegido en 2015 por una inmensa mayoría como presidente de Guatemala. El gran argumento para votar a su favor fue el rechazo a los otros candidatos. Los guatemaltecos querían alguien "fuera del sistema" y lo encontraron en un candidato que, cuando se postuló, ni siquiera pensaba que ganaría. Estaba posicionándose para el futuro.

Supongamos que usted ha conseguido que un partido lo postule y una parte de la sociedad lo considere *presidenciable*. ¿Qué viene después? Sin duda, la campaña. Usted va a necesitar formular un mensaje relevante y coherente con las expectativas de la mayoría del pueblo. Mensaje que deberá ser congruente con los ideales que usted ha predicado consistentemente. Al mismo tiempo, deberá llevar su mensaje a los votantes, persuadirlos de que usted es la mejor opción disponible y conseguir que sufraguen en su favor el día de las elecciones.

Ésa es una labor de buenos profesionales. Usted puede tener todas las virtudes necesarias para ser un gran presidente, pero si no logra montar una buena campaña, probablemente no conseguirá que su candidatura sea tomada en serio. Por el contrario, una persona sin las características de un buen gobernante, pero arropada por una buena campaña, tiene algunas oportunidades de abrirse paso hasta el poder. Es triste que eso suceda, pero la democracia no es necesariamente el gobierno de los mejores, sino de los que sacan más votos y, en general, ese resultado es el producto de una técnica conocida que tiene mucho de estrategia, *marketing* y organización.

LA ESTRUCTURA DEL "COMANDO DE CAMPAÑA"

En Estados Unidos, donde más se ha refinado la técnica de las campañas en las sociedades abiertas, la actividad electoral se ha dividido en 12 departamentos. El "Comando de campaña", o *headquarter*, suele situarse en la ciudad más importante, en la capital o, si tiene alguna relevancia, en la ciudad natal del candidato. Como es la sede principal desde donde el candidato lanza su aspiración, es conveniente que transmita una buena imagen de sobriedad, eficiencia y modernidad. Sin lujos que expresen derroche de recursos, pero sin una apariencia miserable que denote desamparo o desorganización.

Es en esa oficina donde se ordenan y analizan las encuestas, donde a veces se llevan a cabo los *focus groups* para descubrir las ideas y tendencias predominantes, y donde el candidato y sus asesores suelen coincidir para forjar o corregir los mensajes.

Los 12 departamentos presentes en las costosas campañas estadounidenses son los siguientes:

1. *Director o mánager de la campaña.* Debe coordinar todos los departamentos. Tiene sobre sus hombros la responsabilidad de llevar a buen puerto la campaña y lograr que el candidato triunfe. Las decisiones en las campañas, como las de un cirujano en un quirófano, no suelen tomarse por mayoría ni por consenso, sino por lo que indica el director. Incluso, el candidato debe subordinarse a su opinión.
2. *Estratega principal.* Responde al candidato y al director. Se asesora con otros consejeros. Maneja constantemente las encuestas y les describe a los encuestadores qué es exactamente lo que desea averiguar. El estratega, con frecuencia, hasta formula las preguntas. A partir de esa información perfila el mensaje. Todas las sociedades están interesadas en varios temas, pero la prioridad es muy importante. Si la prioridad es la oferta de empleos, no tiene sentido basar la campaña en combatir la corrupción. El estratega sugiere cómo debe ser la campaña publicitaria y señala los errores que hay que evitar.

3. *Logística.* Durante varios meses (a veces hasta uno o dos años) el candidato debe viajar por el país, entrevistarse con medios de comunicación, hablar en público ante diferentes audiencias y darse a conocer como persona y como portador de un mensaje. Eso requiere una estricta organización del calendario y de los medios para cumplirlo. Si falla la logística, la campaña se viene abajo.

4. *Operaciones.* A este departamento le toca manejar los presupuestos, reclutar al personal idóneo y cesar a quienes no funcionen adecuadamente, no se adapten al ritmo extenuante de las campañas o no se integren al equipo. Habrá una parte de colaboradores voluntarios y otros profesionales. Este departamento debe coordinarlos.

5. *Viajes.* Una campaña requiere que un número sustancial de personas, además del candidato, viaje dentro y fuera del país. Generalmente se crea un departamento que organiza y centraliza estos viajes, con lo cual suelen lograrse ciertos ahorros y más eficiencia y control de la gestión.

6. *Legal.* Al frente del departamento legal debe colocarse a un abogado que conozca bien la legislación electoral. Las campañas se hacen dentro de las reglas especiales de las leyes electorales y dentro de la legislación general. Es esencial no violar éstas (ni ninguna norma). Suele haber límites a la recaudación y al gasto. No puede ni debe afectarse la vida privada de los oponentes. Debe tratarse con respeto a los colaboradores. ¿Cómo creer que un candidato es realmente partidario del imperio de la ley —*the rule of law*— si comienza por violarlas durante su campaña?

7. *Datos, análisis e investigación.* Las campañas se montan sobre un análisis de la realidad social. El candidato y su estratega no pueden hacer mucho si no tienen el respaldo de un buen departamento de búsqueda de información. Esos datos, obtenidos mediante encuestas, grupos de análisis y examen de información, determinarán la campaña publicitaria que hay que hacer y hasta cuáles son las personas que pudieran financiarlas. El departamento debe ser capaz de investigar y

reunir información objetiva sobre los aspectos personales de los candidatos propios y adversarios, y sobre la vida profesional de todos ellos, qué han hecho y en qué han fallado.

8. *Política y sociedad.* Cuando se habla de una sociedad, como si fuera una masa homogénea, se olvida que el grupo está formado por individuos que se asocian por diversos factores. El más obvio es el género: masculino y femenino. Pero los hay por el carácter religioso: católicos, protestantes, judíos, etc. Por la profesión que desempeñan o han desempeñado (sindicalistas, militares veteranos, jubilados). Y los hay por la orientación sexual (LGTB), por la etnia a la que se pertenece (latinos, asiáticos). Por la raza: blancos, negros, indígenas. Es conveniente que exista un departamento que reúna visiblemente al candidato con líderes de esa variedad social para escucharlos y para formular medidas de gobierno en caso de triunfar en las elecciones.

9. *Posicionamientos o policies.* Está relacionado con el anterior, pero su función es fijar las posturas del candidato y su partido en torno a los grandes temas sociales: educación, seguridad nacional, delincuencia, política exterior, justicia criminal, corrupción, discriminación racial o de género, infraestructuras, energía, ambientalismo o ecologismo, etcétera.

10. *Comunicaciones.* Es uno de los más importantes. Requiere un hábil director que dé coherencia a los mensajes, varios portavoces capaces de defender los puntos de vista del candidato y un equipo de respuesta inmediata que pueda salirle al paso rápida y adecuadamente a las acusaciones de los adversarios y a los retos que vayan surgiendo, así como de formular los ataques a las ideas erróneas y a las contradicciones de los otros candidatos.

11. *Redes sociales y tecnología.* La divulgación y acopio de información por medio de internet es vital en nuestros días. Facebook, Twitter, Instagram, *blogs* y *webs online* son medios extraordinariamente importantes que le discuten a la televisión la supremacía de las campañas. El candidato debe tener una excelente imagen digital. Asimismo, ese departamento

debe tener expertos en seguridad cibernética para evitar el acoso de los *hackers* y el robo de información.

12. *Finanzas*. Las campañas modernas cuestan mucho dinero. Dentro del Comando es vital que exista un *fundraiser* apto para solicitar fondos, para saber lo que se ha gastado día a día y para prever lo que puede necesitarse en el futuro. Tanto la campaña de Barack Obama como la de Bernie Sanders han sido muy eficientes en la utilización de las redes sociales para conseguir fondos.

EL FINANCIAMIENTO DE LAS CAMPAÑAS

El debate sobre cómo deben financiarse las campañas es muy extenso y contradictorio. Las dos posturas más extendidas son las de quienes opinan que debe hacerse sólo con dinero público para que los candidatos no se sometan a los intereses creados por las aportaciones de los sectores más fuertes de la sociedad, y la de quienes piensan que la colaboración económica privada, siempre que sea transparente y limitada, es una forma de expresión democrática que el Estado no debe coartar.

A mí me parece que la segunda es más realista, pero el límite debe ser reducido, absolutamente transparente, y tal vez la aportación deba hacerse por medio del sistema fiscal. Todo el mundo sabe que un aporte de 100 o 200 dólares no da derecho a esperar una contraprestación de favores. Pero todos podemos suponer que quien entrega miles de dólares probablemente querrá favorecerse de alguna legislación especial o por medio de una licitación favorable.

Ello no impide que el Estado —es decir, los contribuyentes, por medio de los impuestos— determine que se le abone a un candidato esa pequeña suma, y acaso pudiera ser descontada de sus obligaciones fiscales. Seguramente no es una fórmula perfecta, pero si se logra que se cumplan las reglas, se obtiene un buen balance: la sociedad ejerce su voluntad democrática y participa en el financiamiento de las campañas.

8

Cómo y por qué votan los electores

Bueno, Presidente, es muy importante que trate de entender cómo y por qué votan los electores. Eso quiere decir que nos internamos en un terreno absolutamente opaco: el de las motivaciones. Una de las más extendidas explicaciones es la de quienes piensan que, dado que somos seres racionales, el voto es una expresión más de esta facultad. De acuerdo con esta hipótesis, tal vez simplista, tratando de maximizar sus resultados los individuos deciden según las características, virtudes y promesas entre los candidatos, algo que no está nada claro.

Probablemente, el origen de esta visión se encuentra en el alemán Max Weber, padre de la sociología moderna, aunque el escocés David Hume, ya en el siglo XVIII, advirtió con brillantez que los seres humanos se movían esencialmente por medio de emociones y pasiones, que no siempre coincidían con la racionalidad que supuestamente nos caracteriza.

Tres grandes economistas, todos Premios Nobel: Milton Friedman, Gary Becker y James M. Buchanan, así como el jurista Gordon Tullock, de alguna manera han sustentado la línea de la racionalidad electoral, mientras Amartya Sen, también Premio Nobel de Economía, en *Los tontos racionales: una crítica de los fundamentos conductistas de la teoría económica*, ha planteado lo contrario.

El consultor político Santiago Nieto, director de la empresa encuestadora Informe Confidencial, con una larga y fructífera labor en el asesoramiento de candidatos, deja al margen las cuestiones teóricas y se enfrenta al asunto desde su experiencia práctica. Siguen sus reflexiones en un artículo que me ha parecido particularmente lúcido: "¿Los electores votan por líderes?"

Primero, muy pocos electores votan por razones ideológicas. Dice Nieto, textualmente:

> Entre el 60% y el 80% de los latinoamericanos están cansados de los partidos, de las ideologías y de los viejos liderazgos […] cuando hemos preguntado si el elector quiere que su futuro Presidente sea de izquierda o de derecha, la respuesta es la misma: cerca de un 10% quiere que sea de izquierda, un 10% de derecha y cerca del 80% no tiene ningún interés en el tema […]. Suponer que las elecciones se resuelven por razones ideológicas no se compadece con la realidad.

Segundo, tampoco hoy los partidos políticos significan gran cosa. Son instituciones del pasado y esto es verdad en todas partes. En Estados Unidos crece el número de electores que se anotan en el registro como *independientes*, mientras vemos en Europa la demolición y refundación frecuente de las viejas estructuras partidarias, casi siempre desacreditadas por la corrupción.

Según Nieto:

> La lealtad a los partidos es habitualmente mayor mientras más rurales y de más edad son los electores. Las nuevas generaciones, en especial en las zonas urbanas, manifiestan un cansancio enorme frente a los partidos. La explicación de por qué votan los electores basada en la lealtad partidista tiene algún sentido en pocos países del continente [latinoamericano] y tiende a debilitarse según son más urbanos y jóvenes los electores.

Tercero, los "programas de gobierno" y los debates no deciden y ni siquiera inclinan las preferencias de los electores. Son muy pocas las personas que se toman el trabajo de leer y comparar los programas de gobierno, demasiado técnicos y abstractos para los legos, y los debates se contemplan desde una perspectiva prejuiciada. Casi nadie los ve y escucha para decidir cuál es el mejor candidato. En 1990, por ejemplo, Mario Vargas Llosa, que es, además de gran escritor, un excelente comunicador oral, prácticamente trituró a Alberto Fujimori en los debates previos a la elección presidencial en Perú. Pero Fujimori ganó los comicios cómodamente. Lo afirma Nieto:

Es poco probable que exista en uno de nuestros países un número importante de electores que lea conscientemente los programas de todos los candidatos, para tomar después una decisión racional y votar por uno de ellos. Los pocos que leen programas de gobierno lo hacen para reafirmar su idea previa de que su candidato es muy bueno y el opositor un inútil.

No obstante, agrega una opinión con la que coincido totalmente: "Eso no quita que sea bueno para la democracia exigir que los candidatos tengan programas y que los debates sean un ejercicio que la consolida. Los programas y los debates son muy buenos, pero no mueven votos".

Cuarto, los medios de comunicación tienen un efecto muy limitado sobre los electores. Si fuera de otra manera, los ciudadanos de los países totalitarios tendrían el cerebro *lavado* por la propaganda incesante y la voz monocorde, pero sabemos que no es así. En España, tras la muerte de Franco afloró una sociedad democrática. En los países que abandonaron el comunismo ninguna sociedad ha querido regresar a ese modelo de Estado. En Estados Unidos, aunque la mayor parte de los editoriales de prensa son redactados por demócratas, esa circunstancia no les ha impedido a los republicanos ganar un número significativo de elecciones.

Afirma Nieto y, tras medio siglo de experiencia periodística, coincido con él:

Esto no significa que los medios de comunicación no tienen ninguna influencia. Pueden tenerla, especialmente en el mediano plazo y a condición de no perder la credibilidad por parcializarse demasiado, pero en una sociedad democrática los medios están limitados por el mercado. No pueden tergiversar mucho la realidad porque pierden rating y ventas.

En definitiva, la tesis de que los medios manipulan la mente de los electores es falsa. Los medios son uno de los factores del juego electoral, que tiene su influencia, pero no tienen el control de la voluntad de los electores.

Quinto, el dinero, como los astros, inclina, pero no decide. Qué duda cabe de que las campañas cuestan una suma considerable de dinero, pero no es verdad que los países democráticos son, realmente, plutocracias controladas por quienes poseen los recursos.

Hay numerosos ejemplos de sociedades que han elegido a candidatos más pobres. En Estados Unidos disponer de muchos millones más que sus adversarios, donados por sus simpatizantes, no le sirvió a Jeb Bush, pese a sus indudables condiciones y experiencia, para conquistar la candidatura republicana. Por la otra punta, el senador Bernie Sanders, con muy poco dinero, consiguió darle una batalla sustancial a Hillary Clinton por la candidatura demócrata, a pesar de que la ex primera dama tenía una bolsa de campaña infinitamente mayor. En Guatemala, Jimmy Morales apenas dispuso de una décima parte de los recursos de su contrincante y obtuvo las dos terceras partes de los sufragios.

Nieto es contundente: "Hemos participado en muchas elecciones con clientes con poco dinero que han vencido a candidatos muy ricos. El dinero ayuda en las campañas, pero no es lo decisivo".

Sexto, ni siquiera son determinantes las manifestaciones multitudinarias, las vallas o los carteles. No es ese clima de ruido y colorines lo que determina el voto del elector. Ésos son rezagos de la era política anterior a la radio, la televisión y la internet. Incluso, la presencia callejera o las caravanas de autos pueden ser contraproducentes por las molestias que provocan a la mayor parte de los ciudadanos.

Hay una especie de realismo melancólico en la opinión de Nieto:

Sobre las manifestaciones masivas, concentraciones y caravanas, las cosas están más claras. Casi nunca sirven para atraer votos y en muchos casos los ahuyentan. Fueron útiles en la época anterior a la televisión, cuando la vida de la gente era enormemente aburrida, la gente no tenía nada que hacer y acudía a esos eventos [...]. Las ciudades han crecido vertiginosamente. La entrada de un candidato, que antes paralizaba a una ciudad, ahora es un hecho sin importancia.

En definitiva, ¿cuáles son las motivaciones del elector, si es posible discernirlas? Según Nieto, se vota con tres vísceras y ninguna es el cerebro. Se vota con el corazón, el hígado y el estómago. De la mezcla de esos tres elementos surge la figura ganadora.

El elector vota con el corazón cuando, por factores que no dependen de sus razonamientos, sigue una primera intuición. Es, un poco, como enamorarse. Hay algo inefable en el proceso de selección. El candidato, simplemente, "le cae bien". No toma en serio sus promesas de campaña, dado que todos se comprometen a crear empleos, a reducir los costos de los alimentos y a entregar más beneficios a la sociedad, pero existe una cierta afinidad emocional con el candidato. Opta por creerle. Para el elector, tiene *credibilidad*, ese extraño rasgo de la personalidad logrado por la coherencia de sus palabras y por su gesticulación.

El elector vota con el hígado cuando sufraga contra alguien o contra algo. Cuando vota en contra de una persona que "le cae mal". Cuando lo domina el resentimiento social, racial o de género, porque se siente víctima de una injusticia representada por el candidato al que rechaza. Cuando a ese candidato le falla la credibilidad y se le descarta porque se supone que miente.

A Richard Nixon, en Estados Unidos, le llamaron *Tricky Dicky* y eso le hizo mucho daño durante las elecciones de 1960. Aparecía mal encarado en un anuncio y el locutor se limitaba a preguntar: "¿Le compraría usted un auto usado a este señor?" De ahí la importancia extraordinaria que tiene el hecho de que el candidato transmita la imagen de una persona genuina que no manipula ni miente. Es curioso recordar que, tras el primer debate presidencial entre Nixon y Kennedy, la mayoría de quienes lo vieron por televisión encontraron ganador a Kennedy, pero quienes lo oyeron por radio pensaron que Nixon había triunfado.

Se vota con el estómago porque los electores también esperan que el Estado les solucione problemas materiales que van desde los más importantes a los más superfluos. Los primeros cinco elementos son obvios y de alguna manera implícita comparecen en la base de la pirámide de Maslow:

1. Agua, alcantarillados, alimentos.
2. Vivienda digna.
3. Ropa y calzado.
4. Electricidad, transporte, caminos.
5. Comunicaciones.

A partir de ese punto esperan, de manera creciente, educación, salud e, incluso, diversión, porque no se puede olvidar el componente lúdico de los seres humanos, como planteó Johan Huizinga en *Homo ludens* o como se infiere de *La risa*, del filósofo francés Henri Bergson.

Es infantil pensar en una sociedad satisfecha que no espera nada del Estado. Lo normal es que espere y demande elementos que mejoren la calidad de su vida. Y lo frecuente es que mantenga su respaldo y lealtad a los políticos que asocia a estas ventajas obtenidas. Ése fue el caso del legendario alcalde de Nueva York Fiorello La Guardia o el de Jaime Nebot en Guayaquil.

9

La organización de los partidos políticos

Presidente, la democracia, decía Jorge Luis Borges irónicamente, "es un abuso de la estadística". A lo que puede agregarse que tal vez sea cierto, pero no hay otra mejor opción disponible. Es preferible que la mayoría elija a los funcionarios y les dé un claro mandato para operar dentro de los límites de la Constitución, que delegar esa tarea en grupos especiales o en "hombres fuertes".

En fin: hay que triunfar en los comicios, y lo óptimo es llegar al poder a bordo de una nave poderosa, rodeado de compañeros competentes que sepan exactamente lo que debe hacerse, cómo llevar a cabo la tarea, con qué recursos se cuenta y los plazos de ejecución, pero, como es evidente, antes de llegar a ese punto hay que ganar las elecciones.

Aunque hay algunos casos de personalidades políticas con mucho más peso que los partidos que representan (Víctor Raúl Haya de la Torre y Alan García en la Alianza Popular Revolucionaria Americana [APRA] peruana, por ejemplo), lo frecuente es encabezar una organización con representación nacional y perfil ideológico definido.

Es una ventaja cuando el partido tiene un historial positivo, pero cuando se trata de una institución desacreditada por la corrupción y la ineficiencia, puede ser un gran inconveniente, aunque ese dato ni siquiera anula las posibilidades de triunfar en las contiendas electorales. El Partido Revolucionario Institucional (PRI) mexicano es la prueba viviente de esa paradójica situación: un partido político al que casi todo el mundo critica acerbamente, pero por el que la mayoría vota con bastante frecuencia dada su bien aceitada maquinaria electoral.

Hay, pues, que contar con un partido político bien estructurado, o hay que formarlo, para lograr dos objetivos: primero, ejercer el poder atinadamente y, segundo, darle continuidad a la obra de gobierno. No vale de mucho gobernar sabia y eficazmente durante un periodo de cuatro a seis años, y ver cómo esa tarea se pierde o se deshace en las manos de otra administración.

¿Cómo se logra? Veamos lo que afirma el ingeniero Joaquín Pérez Rodríguez (JPR), asesor electoral internacional, ex viceministro de Información en el gobierno venezolano de Luis Herrera Campins, ex director de Organización del Comité de Organización Política Electoral Independiente (COPEI) y hoy, desde hace unos años, consejero electoral del Partido Acción Nacional (PAN) mexicano. Citémoslo en extenso. Dice JPR:

> Hace unos años, los partidos políticos tenían una organización compleja que trataba de llegar a todos los ámbitos del quehacer ciudadano. La estructura formal era encabezada por un comité central, que a su vez era el brazo ejecutor de un consejo compuesto por autoridades regionales y respaldado por secretarías ejecutivas que iban desde las relaciones públicas del partido, la formación ideológica de los cuadros hasta, en algunos casos y momentos, un aparato clandestino o de guerrillas.

Los partidos políticos serios tomaban en cuenta la formación de sus mejores cuadros:

> Lo formativo era de gran importancia. No había partido sin una gran biblioteca a disposición de los miembros o sus invitados. Se daban conferencias sobre temas formativos. Se organizaban cursos de varios días donde los militantes y los recién llegados tenían la oportunidad de compartir vivencias y conocimientos. Las discrepancias entre militantes eran mucho más teóricas, lo que implicaba la necesidad de formarse permanentemente. Eran partidos ideológicos que buscaban catequizar y controlar un nicho político.

Los partidos actuales funcionan de otra manera. Afirma JPR:

Actualmente los partidos se han simplificado. Aunque siguen existiendo los organismos de dirección, las secretarías operativas suelen ser menos. La importancia de la formación cedió en importancia a la captación de votantes. No importa cuán preparado esté el votante, lo crucial es su compromiso para el día electoral. De allí que las secretarías fundamentales son: la de movilización, que incluye la captación del votante desde el comienzo del proceso electoral hasta el día de la votación; la de cuidado de votos, que trata de evitar que los votos tan cuidados durante el proceso electoral sean manipulados; la legal, que trata de defender esos votos en el proceso legal posterior a la elección, o que trata de eliminar votos del contrario; la de tesorería, muy compleja actualmente porque incluye vías de financiamiento a veces no legales; la de comunicación, que lleva los mensajes a los votantes a través de los medios de comunicación; y la ahora imprescindible y conformada por la parte de comunicación digital, cada vez más importante y más compleja. Los partidos se han transformado en organizaciones de promoción del voto, movilización de los votantes y protección del sufragio.

La conclusión de JPR es que los dirigentes de los partidos están mucho más pendientes de conseguir el respaldo de los electores que de cualquier otra cosa, pero ¿cómo lograr que la gente salga a votar?:

La salida de la gente a votar depende de dos factores. El primero de éstos es el mensaje a través de los medios. Nadie sale a votar por un candidato que no conoce o que conoce y no le cae bien. Por lo tanto, el primer estímulo al votante debe ser una campaña que dé a conocer a los candidatos de una manera positiva y amistosa. La calidad del producto es importante y la televisión marca la pauta. Una buena compra de medios, especialmente televisión, hace que las opciones electorales cambien y que la gente se sienta motivada para ir a votar. El fenómeno Trump explica esa realidad. Trump ha recibido una cobertura de televisión muy superior a la que han recibido sus contrincantes sumados todos. Eso motiva a salir a votar al microsegmento de americanos blancos, antiinmigrantes, pro KKK, agobiados por la situación económica que viven y por el miedo al islamismo radical o a la inmigración ilegal, como han hecho hasta ahora. Ese 35% de los republicanos que votan en las primarias, acompañados por independientes que piensan igual que ellos, son el componente de los mítines multitudinarios que acompañan la candidatura de Trump, y en algunos estados, de la afluencia masiva a las urnas. Esa participación masiva recuerda la primera elección de Chávez en Venezuela, donde los medios lo respaldaron de tal manera que lo transformaron en un fenómeno mediático. Eso explicó la masiva votación que recibió. Por tanto, los partidos modernos cuidan mucho de sus campañas televisivas como medios eficaces para motivar a la gente a votar.

Quien sabe movilizar tiene más posibilidades de triunfar:

El segundo factor lo constituye la movilización de la estructura organizativa de los partidos modernos. Ese proceso comienza por una fase llamada la ubicación del elector. Los activistas van conformando un listado de votantes para ser trabajados. Es un listado general, no un listado de militantes. En ese listado se confirma la residencia del sujeto, ya que todo trabajo de este tipo se realiza en la casa habitación, que es el ámbito geográfico de ubicación.

Una vez ubicado el elector, la estructura partidista designa algún tipo de autoridad que viva cerca del mismo. Esa autoridad comenzará la fase de convencimiento. El convencimiento del elector, para que salga a votar por un candidato, contempla la invitación a eventos, la distribución de propaganda, la convocatoria a eventos masivos. Suele tener una duración de tres o cuatro meses, dependiendo del tiempo de la campaña.

Tras ubicarlo, viene la fase del compromiso:

Una vez ubicado el votante y convencido que debe votar por el candidato determinado por el partido, comienza la fase de compromiso. El compromiso es medido por el responsable de este votante, el cual determina su nivel de compromiso por la respuesta que el elector haya dado a las distintas manifestaciones de adhesión, durante el proceso de convencimiento. Si respondió positivamente a las invitaciones o a la propaganda, puede ser considerado como comprometido y pasa a engrosar las filas de aquellos votantes que serán movilizados el día electoral.

Y llega el momento estelar: el día de la votación:

Por último, la movilización se realiza el día de las elecciones. Ese día se constituye un centro de gerencia de la movilización, establecido cerca de las mesas de votación, generalmente en una casa cercana. En ese centro se ubican las listas de todos los electores que sufragan en ese centro y las listas de los electores comprometidos. En cada centro de votación hay contactos que van informando del avance del proceso e indican los electores que ya votaron. En los centros de gerencia se verifica el número de los comprometidos que ya sufragaron y los que faltan por hacerlo. En ese momento, se toma la decisión de buscar a los comprometidos que no han ido a votar para ayudarlos a llegar a la mesa que les corresponde. Todo partido moderno cuenta con estos operativos de estímulos a la participación del votante, pero si el primer factor, la campaña de televisión, no ha funcionado, es probable que se movilicen electores que votarán por el contrario, por mucho compromiso que hayan manifestado durante el proceso.

Es decir: para lograr que los electores se movilicen es indispensable que exista una percepción favorable del candidato y que aquéllos supongan que les va a convenir la selección de esa persona. De lo contrario, se quedan en la casa. Siempre hay algo más atractivo que hacer que votar por quien no nos motiva.

10

En el principio era la encuesta

Cualquier candidato, para saber cómo puede conquistar a los electores, primero necesita saber en dónde está situado y cómo es la sociedad a la que aspira a servir desde la presidencia, algo que en política lo determina una buena encuesta.

Es muy importante que usted, mientras sea candidato, entienda que sus percepciones, cualesquiera que éstas sean, son siempre parciales y están condicionadas por el sitio en el que vive, los estudios que ha realizado, la religión que profesa, o la ausencia de ella, la familia en la que ha crecido, los amigos que tiene y el resto de la atmósfera que lo rodea. Eso quiere decir que usted necesita una descripción objetiva del país en que desea ser candidato, realizada por un profesional serio y bien formado, aunque el resultado difiera de sus ideas preconcebidas y aunque el cuadro que le muestre sea un "choque de realidad".

Naturalmente, usted debe entender que una buena encuesta sólo le puede revelar el estado anímico de una sociedad y sus percepciones en un momento dado. Ese panorama puede cambiar a las pocas horas de realizada la indagación debido a alguna revelación extraordinaria o a una crisis súbita. No obstante, no hay mejor instrumento para saber qué quiere o qué condena la sociedad. Ello quiere decir que, de antemano, usted debe desechar dos de las ideas más extendidas en relación con este tema.

Primero, es falso que una encuesta, necesariamente pequeña, no puede revelar la complejidad de una sociedad. No hace falta examinar toda la sangre de un paciente para poder hacer un diagnóstico.

Basta con una muestra. Si no fuera así, las empresas no gastarían fortunas en hacer investigaciones de mercado. No obstante, toda encuesta, incluso las muy bien hechas, tiene un porcentaje de error que se reduce con el número de personas entrevistadas. Usualmente, las respuestas de 1 200 personas bien escogidas arrojan resultados fiables con, aproximadamente, un 2.5% de error.

Segundo, es verdad que las preguntas se pueden manipular para obtener ciertas respuestas que desean los encuestadores, pero ese fenómeno, aunque ocurre, sirve para engañar a las personas, pero no para hacerlas cambiar de parecer. Lo que suele acaecer es que los manipuladores caen en su propia trampa de creerse las encuestas adulteradas y luego, el día de los comicios, chocan con la desagradable realidad de una inesperada derrota. Esto les sucedió a los sandinistas en las elecciones de 1990 que llevaron al poder a Violeta Chamorro. Todas las encuestas que ellos hicieron los daban como ganadores, pero perdieron. ¿Por qué? Porque quienes respondieron a los encuestadores sabían que se trataba de empresas contratadas por los sandinistas y tenían miedo de comunicar sus verdaderas convicciones.

En general, para que una encuesta refleje aproximadamente las percepciones de la sociedad en un momento dado, tiene que ser hecha:

- Tras un minucioso estudio de estratificación que determine los porcentajes que les corresponden a los sectores rurales y urbanos; a las regiones y ciudades, de acuerdo con el número de habitantes; a las personas, en relación con su edad, género, raza aparente y niveles de estudio e ingresos, tratando, insisto, de que los encuestados representen aproximadamente las proporciones existentes en el censo.
- En sus viviendas, elegidas aleatoriamente.
- Por un encuestador neutral, amable pero inexpresivo, que no le infunda miedo al entrevistado y que no lo induzca a opinar en una u otra dirección.
- La encuesta debe contener preguntas que discretamente descubran la confiabilidad del encuestado.

El estratega electoral Mario Elgarresta, uno de los más reputados asesores políticos de América Latina, con 40 años de experiencia, hace las siguientes afirmaciones:

• Toda elección bien hecha debe comenzar con una encuesta base para ayudarnos a analizar la situación.

• Las encuestas sirven para desarrollar la estrategia de la campaña y revisar qué está funcionando bien y qué tenemos que cambiar a medida que el proceso avanza y sus parámetros van cambiando.

• Cada elección requiere de un cuestionario general, idéntico para cada país, y otras preguntas que dependen de cada campaña. El *prêt-à-porter* no funciona en el mundo de las campañas.

• Como toda campaña se basa en la situación específica del país, es conveniente no olvidar que el elector va a juzgar la labor del gobernante que será sustituido o que intentará continuar en el poder.

• La encuesta nos revelará si el gobierno va por buen o mal camino y cómo percibe la sociedad lo bueno y lo malo que han hecho los gobernantes.

• En ciertos casos, esta información servirá para armar lo que en el argot llaman "campaña negativa", que no tiene que ser sobre cuestiones personales, sino sobre las malas consecuencias de algunas medidas de gobierno.

• Es muy importante precisar los niveles de conocimiento de los candidatos y el grado de aceptación o rechazo. Los electores no suelen votar por desconocidos, y mucho menos si les desagradan. Mientras más conocimientos positivos tengan sobre el candidato, más firme será su respaldo.

• Es básico saber cuál es la intención de voto que acaso reciba cada candidato, por quiénes los electores nunca votarían y, en caso de que el preferido no participe, cuál sería la segunda opción.

• Es indispensable identificar los principales problemas del país, el estado, la ciudad y la familia, y fijar en las encuestas el acuerdo o desacuerdo con frases que representen las distintas posiciones de los electores.

- Para conocer las inclinaciones electorales de la sociedad, es conveniente preguntar, por ejemplo: "Cuál de los candidatos A, B, C o D cree usted que es quien mejor puede generar más empleos, perfeccionar la educación, combatir la corrupción, reducir la delincuencia, mejorar la economía, controlar el costo de la vida, ayudar significativamente a los pobres". El candidato que más se identifique con los problemas principales tendrá mayor probabilidad de ganar los votos de los electores.

- Deben compararse las características personales de los candidatos, de acuerdo con las percepciones de los encuestados. Esencialmente la honestidad, la experiencia, el liderazgo, los conocimientos, la edad, la familia, la religión y la clase económica.

- Es vital saber cómo votaron los electores en el pasado, cómo identifican la situación económica actual (¿buena, mala, igual?) y cómo predicen que será en el futuro. Así sabremos si el ánimo de los electores es positivo o negativo.

- También conocer las simpatías generales de los electores y el porcentaje de personas indecisas.

- Y, simultáneamente, debemos *cruzar* las respuestas y determinar cómo los perciben los encuestados, de acuerdo con sus aspectos personales vitales, para lo cual es indispensable contar con las características demográficas de los electores investigados: edad, sexo, nivel de ingresos y de educación, región geográfica, urbano, rural y la afiliación política y la profesión.

- Los cruces de las preguntas presentadas generan alrededor de 100 tablas con miles de valores para evaluar la situación de la elección.

- Además, es muy importante poder precisar la capacidad de recaudación del candidato, la experiencia del equipo de campaña, el respaldo de los líderes políticos, laborales, empresariales, intelectuales, etc. Es posible que el apoyo de Mario Vargas Llosa a Ollanta Humala, en Perú, haya inclinado la balanza a su favor frente a Keiko Fujimori en las elecciones de 2011.

- Y luego quedan los medios de comunicación. Una vez que se ha logrado perfilar el mensaje, hay que comunicarlo. Todo estratega debe saber con bastante precisión los medios de comunicación que más calado e influencia tienen en las decisiones populares. Sin un buen plan de comunicación es muy difícil triunfar en las elecciones.

11

El político en la era de la imagen

Usted, Presidente, lo sabe: para ganar unas elecciones tendrá que ser un comunicador eficaz. Es muy difícil triunfar en unos comicios si no sabe cómo explicarse convincentemente. Alguna gente, por supuesto, está dotada de un talento especial. Son oradores natos, o poseen ese componente tan elusivo y poco frecuente llamado *carisma*, pero aun ellos pueden resultar derrotados si no evitan ciertos errores muy frecuentes que cometen los políticos en su trato con la prensa. Por otra parte, personas sin esas características especiales, mediante un rápido adiestramiento de uno o dos días, pueden lograr un nivel aceptable para comunicarse. Es lo que llaman *media training* (MT) y les conviene tanto a los políticos como a los portavoces de las empresas o de los partidos.

Usualmente, el MT comienza con un diagnóstico de la capacidad expresiva de quien recibe el adiestramiento, estableciendo sus fortalezas y debilidades. Como cada persona tiene o carece de habilidades especiales, el MT debe hacerse de acuerdo con los requerimientos de cada uno. No existe un curso para todos los sujetos, aunque hay recomendaciones globales que sí deben tomar en cuenta todos.

Algunas de las técnicas de la enseñanza de actuación son útiles para comunicar cualquier mensaje, pero la regla de oro es transmitir sinceridad. Si el emisor del mensaje no cree en lo que dice, el receptor tampoco lo creerá.

Lo que sigue son 36 recomendaciones generales, extraídas de un manual de MT, muy ciertas y efectivas, aunque carentes de originalidad:

1. Los periodistas trabajan para unos medios, no para usted. Buscan una revelación, un titular. Es importante tener una relación cordial con ellos, pero sin olvidar que los objetivos no siempre concuerdan.

2. Hable claro. No utilice tecnicismos, un lenguaje rebuscado o lleno de palabras en otros idiomas. Su propósito es que lo entiendan, no que piensen que usted tiene una gran preparación. Siendo claro, además, impedirá que lo interpreten equivocadamente.

3. Hable con frases cortas. El *sound bite* es lo que quedará en la mente del lector o del oyente. Primero resuma su idea y luego argumente para sustentarla.

4. No responda preguntas que no entienda con precisión.

5. Elija dos o tres mensajes breves y repítalos de diversas maneras.

6. Antes de someterse a una entrevista o participar en un programa, conozca los medios. No es lo mismo participar en un programa de humor que en uno serio. Usted tendrá que adaptarse al medio en que aparezca, y no al revés.

7. Averigüe siempre si irá solo o con otras personas. Si alguno de los participantes es una persona desagradable que suele interrumpir a los contertulios, es preferible declinar la asistencia con alguna excusa amable, salvo que desee dejar establecida su condición de persona diferente capaz de dialogar.

8. Es importante ser cálido o *charming* sin transmitir una imagen de manipulador.

9. Diga siempre la verdad. No invente. No especule. Jamás difame.

10. Si le preguntan algo que no sabe, simplemente desvíe la pregunta a un experto. El espectador conoce, por su propia experiencia, que nadie puede dominar todos los temas. Decir que no sabe está justificado.

11. Sea coherente. La *integridad* es la consistencia entre lo que se piensa, se dice y se hace. Evite las disonancias.

12. No utilice excesivamente el "sin comentarios". El receptor del mensaje creerá que "el que calla otorga". La respuesta

queda a la imaginación del periodista o del lector u oyente, y eso es peligroso.

13. Responda si le compete la pregunta. De lo contrario, sugiérale al periodista que se la dirija a *fulano* o *zutano*, los individuos interesados.

14. Si tiene que juzgar cualquier hecho dramático, coloque en primer lugar a las víctimas y sus familiares.

15. No pierda el sosiego. Ante el público, quien se enoja pierde. Sonría. Es un gesto universal que transmite tranquilidad.

16. No entre en el juego de responder preguntas cuyas premisas son falsas. Explíqueselo amablemente al entrevistador.

17. No trate de interpretar lo que han dicho otros. No le corresponde a usted esa tarea. Que responda quien ha hecho la afirmación.

18. Aporte, si puede, ángulos novedosos para examinar las cuestiones que le presenten. Los lugares comunes no ayudan.

19. Muestre interés en los temas que debe examinar. La frase "ésa es una gran pregunta", siempre que usted tenga una buena respuesta, servirá para aumentar la empatía con el entrevistador y con el público.

20. No hable *off-the-record*. Primero, porque el periodista puede olvidar el pacto o puede comunicárselo a otro para que lo divulgue. Segundo, porque si se sabe que hay una zona de la entrevista que no se puede comunicar, eso desatará la imaginación del público, a veces de manera inconveniente.

21. Refiérase a hechos confirmados. La especulación sobra.

22. No sea repetitivo. Puede serlo en un discurso, siempre que utilice otras palabras o anécdotas, pero en una entrevista resulta aburrido.

23. Si el periodista le hace varias preguntas, usted responda las que domine mejor. No está obligado a contestarlas todas.

24. Si el periodista le interrumpe mientras usted habla, dígale cortésmente que no ha terminado y prosiga.

25. Nunca olvide que su objetivo no es darle una exclusiva al periodista, sino transmitir el mensaje que a usted le convie-

ne. Si coinciden los dos propósitos, estupendo, pero debe prevalecer el suyo.

26. Naturalmente, hay al menos dos tipos de mensajes diferentes: *1)* cuando es el medio quien lo solicita; *2)* cuando usted desea divulgar algo y llama al medio. La actitud del periodista será distinta.

27. La conferencia de prensa requiere que usted tenga algún mensaje de interés general que divulgar. Sólo convoque a la prensa de esa manera si tiene importancia lo que va a decir. De lo contrario, será difícil que acudan cuando los llame en el futuro.

28. No le tema a la cámara. Relájese. El televidente o quien vea una foto suya interpretará su imagen negativamente si está tenso. Mire atentamente a la cámara para dirigirse al público o al periodista, si responde a una pregunta.

29. Si el periodista no es un amigo íntimo, evite el tuteo. Si el periodista lo trata de usted, respóndale de la misma manera.

30. Vista adecuadamente. Las chaquetas o sacos deben ser oscuros. Es el tono de la autoridad y la discreción. Evite las rayas, cuadros o corbatas muy llamativas que desvíen la atención del espectador. Usted no quiere ser recordado por lo que viste, sino por lo que dice.

31. No cruce las manos sobre el pecho. En el lenguaje corporal quiere decir incomodidad. Tampoco gesticule excesivamente.

32. No interrumpa al otro cuando habla. Escúchelo atentamente. Si es un debate y no está de acuerdo con lo que el contrincante dice, bastará con que niegue ligeramente con la cabeza mientras sonríe levemente. Por si la cámara lo capta.

33. Jamás grite ni recurra al sarcasmo o a la ofensa. El público podrá estar de acuerdo con el fondo del asunto, pero la forma le parecerá detestable.

34. Siéntese correctamente. Generalmente, la cámara transmitirá su rostro y su torso. Una postura desgarbada será inter-

pretada como una personalidad poco respetuosa con el entrevistador.

35. No importa que lleve unas notas para ayudar a la memoria, pero no lea, salvo citas cortas imprescindibles.

36. Evite las muletillas y las frases muy extensas. Insisto: sea cortés y sonría. Eso es fundamental.

El debate presidencial:

Desde 1960, cuando Richard Nixon y John F. Kennedy debatieron durante la campaña presidencial estadounidense, en casi todas las contiendas electorales se ha impuesto esta modalidad de comunicación. Veamos lo que nos dice Rosa Soto, consultora de comunicación política y corporativa de figuras muy notables de la vida pública o empresarial sobre esta extendida modalidad de presentarse ante la opinión pública.

Las percepciones:

¿Cuáles son los elementos que decantan un debate presidencial en la dirección de un candidato? En primer lugar, es necesario prepararse muy bien para el debate en cuanto a sus contenidos, pero también en cuanto a la forma. Los políticos deben saber que los debates no son debates de argumentos, sino de sensaciones, de percepciones.

La imagen que transmita el candidato deber ser una imagen presidencial. Con independencia de las modas, nuestra vestimenta toma la palabra. A través de ella podemos trasladar un mensaje en el que nos impongamos, reivindiquemos e incluso pasemos inadvertidos. No se trata de saber escoger el color de la corbata o el tipo de traje a usar en ese momento, sino de acompasar el mensaje político con una apariencia que transmita credibilidad.

La naturalidad:

El tema de la imagen es algo en lo que muchos políticos ponen atención, pero son pocos los que consiguen buenos resultados. Porque para que funcione, no se debe notar, debe ser natural, dado que es algo que se asimila inconscientemente. Además de un estilo propio y una apariencia natural, es determinante la destreza visual de la puesta en escena.

Nixon vs. Kennedy:

Máximo ejemplo de la importancia de la imagen política es el famoso y primer debate político televisado de la historia: cuando en 1960 el joven demócrata John F. Kennedy derrotaba al republicano Richard Nixon, un veterano político y, hasta ese momento, claro favorito para ocupar la Casa Blanca.

La imagen y el sonido:

Lo paradójico fue que los ciudadanos que habían seguido el debate por radio dieron por vencedor a Nixon, mientras que los que lo habían hecho por televisión se decantaron claramente por el malogrado futuro presidente. Y es que lo que pocos conocían era la trascendental influencia que tuvo el curso intensivo de presentación y posado al que fue sometido el joven Kennedy. En donde el político se dedicó a ensayar durante días las miradas y las pausas en el lenguaje, lo que le permitió dominar los tics verbales y rentabilizar sus mejores ángulos de cámara, para después someterle a los cuidados del estilista del grupo, que fue quien escogió su traje azul marino, su camisa clara, corbata y maquillaje. Éste fue el momento que comenzó a marcar la importancia de la imagen pública de todo político.

La otra comunicación:

La comunicación no verbal se ha ido incorporando con naturalidad al discurso político y la gestión pública. A la hora de preparar a un candidato, hay que analizar un amplio abanico de gestos. El repertorio incluye desde aspectos explícitos como la expresión facial, el movimiento de los brazos y el peinado hasta detalles como el parpadeo, las alteraciones de la pupila, la psicología de los colores y los aromas.

Sigue diciendo Rosa Soto:

> Los gestos y sus significados tan sólo son indicadores que han de interpretarse bajo un contexto y metodología de análisis que contemple también la estructura y alcance del propio mensaje verbal, pero en líneas generales podemos hacer una primera aproximación de lo que pueden significar algunos de éstos durante las intervenciones de los políticos.

El lenguaje corporal:

> El principal consejo es que todo debe ser cuidado desde el inicio, incluso en las situaciones previas al propio discurso o debate, como por ejemplo la actitud, la postura corporal e incluso la forma de dar la mano o dónde establecen el contacto visual.
>
> Cuidar el lenguaje corporal será también fundamental, dado que éste nos aporta abundante información sobre lo que realmente piensa el candidato político en cada intervención, además de permitirnos conocer mucho más sobre su personalidad, actitud y estado de ánimo.

Las manos y la cara:

> Las manos y la cara son las principales delatoras de nuestros sentimientos y emociones ante todo tipo de públicos y escenarios. Con ellas podemos estar transmitiendo convicción, seguridad, confianza, credibilidad… o revelar todo lo contrario.
>
> Los gestos hablan antes que las palabras, porque nos transmiten más información, se realizan de forma inconsciente y, sobre todo, se recuerdan mejor. Y esto es hasta tal punto, que en caso de contradicción entre lo que se dice y se hace, el público se queda con lo segundo. Juzgamos más por lo que vemos y oímos que por los contenidos de las palabras que emitimos. Y es que es muy fácil faltar a la verdad hablando, pero no lo es tanto con el cuerpo. Los gestos, salvo en profesionales entrenados, no suelen mentir, ya que son indicadores inconscientes, no siempre controlables, y en ese sentido más sinceros.

La imagen de la verdad:

Para poder transmitir seguridad y convicción, el político debe cuidar varios elementos. Por un lado está la respiración y por otro lado está la gestualidad que debe ser moderada y pausada. La mirada también es fundamental a la hora de transmitir convicción. Por ello es importante tratar de no estar muy pendiente de las fichas o guiones que siempre sirven de guía en los debates. Pero no olvidemos que todo debe parecer improvisado, pues la imagen no puede acabar sustituyendo al mensaje, que es lo principal.

La importancia del cierre, según Rosa Soto:

En cuanto al debate, éste debe ser cautivador. El candidato debe no sólo captar la atención de los votantes sino además mantenerla y tener un buen discurso que cautive desde el principio, pero también preparar muy bien el momento del cierre.

En tiempos en los que la información viaja tan deprisa, el político no puede dar declaraciones basadas en rumores o especulaciones, sino que debe mostrar datos que avalen la información. Aquí será bueno mostrar evidencias de lo que se dice, como gráficos o similares, porque sirven a los votantes para recordar determinadas frases y grabarlas de una forma más visual en la memoria.

Por último, otro elemento fundamental será anticiparse o prepararse para las principales preguntas que tendrá la prensa para él o ella y para cuáles podrían ser sus potenciales puntos débiles y los ataques que podría recibir. Por encima de todo, el candidato debe mantener la compostura por duras que sean las preguntas que reciba, no se debe enfadar nunca, debe contestar de una manera correcta, incluso ingeniosa, pues todo lo que se diga y se haga se va a magnificar. Lo ideal sería que saliera reforzado, tal como sucedió con Ronald Reagan en su debate presidencial cuando, al ponerse en duda su valía por su avanzada edad, contestó con humor: "Yo no voy a explotar la juventud e inexperiencia de mi oponente con fines políticos".

Tal vez con esa frase ganó el debate.

III

Cómo se es un buen presidente

12

El gabinete

Presidente, como ha ganado las elecciones, es conveniente que siga el consejo de John F. Kennedy a la hora de formar su equipo de gobierno. JFK solía decir que el primer requisito para pertenecer a su gabinete era que el colaborador designado debía ser manifiestamente más competente e inteligente que el propio presidente. Es fundamental que el presidente electo se dé cuenta de sus propias limitaciones y admita que su gobierno será tan bueno o tan malo como la calidad y la cantidad de colaboradores que consiga reclutar para llevar a cabo su tarea.

El gabinete

Es importante, además, Presidente, que sepa delegar. El control excesivo o *micromanagement* reduce la productividad hasta el punto de la parálisis. Hay que elegir bien al colaborador y permitirle que actúe, darle autonomía, incluso a riesgo de que se equivoque. Siempre será preferible rectificar que cruzarse de brazos. Eso no excluye que tome en cuenta el viejo *dictum* ruso que tanto le gustaba a Ronald Reagan: "Confíe pero verifique".

Siempre es importante un comité externo de evaluación que compruebe que las tareas se llevan a cabo, las reglas se observan y los presupuestos se cumplen. Hay personas que no son buenas realizadoras de proyectos —*doers*—, pero son excelentes evaluadoras y auditoras. Y es magnífico que quien tiene a su cargo llevar adelante los proyectos esté consciente de que su obra será minuciosamente escrutada.

Durante la etapa colonial española de América Latina, existía una institución jurídica que, lamentablemente, se canceló en la etapa republicana. Se trataba del llamado Juicio de Residencia, cuyo origen se remonta al imperio romano, por el que tenía que pasar al terminar su mandato todo funcionario importante designado por la Corona. En ese juicio, quienes se sentían agraviados o quienes habían sido víctimas de injusticias podían acusar al personaje juzgado. En algunos casos las arbitrariedades reveladas alcanzaron tal gravedad que los acusados fueron a parar a la cárcel o se les aplicó la pena de muerte.

En todo caso, los grandes funcionarios tienen varias características clave: son creativos, poseen el fuego de servir al prójimo que es, en esencia, quien le paga su salario por medio de sus impuestos; tienen la experiencia necesaria; son honrados; sienten orgullo de realizar bien su tarea; son organizados; pueden trabajar en equipo; están siempre dispuestos a rendir cuentas y a aceptar las críticas, pero no pueden carecer de una virtud que los romanos esperaban de todo hombre público: la prudencia. La prudencia definida como el no tomar riesgos innecesarios y darle a cada situación la debida proporción.

La primera tentación que deberá rechazar, Presidente, es la de recompensar con cargos importantes a quienes lo han acompañado en la batalla electoral. El rasgo más evidente de los burócratas de las naciones exitosas es que han sido reclutados por sus méritos. Sin meritocracia es muy difícil el buen gobierno.

Es humano que exista la tendencia a premiar a quienes nos han ayudado, pero es impropio pagar nuestras deudas personales con los recursos de los contribuyentes. La primera lealtad del presidente no es con sus amigos y aliados, ni incluso con aquellos que lo han ayudado a postularse y ganar las elecciones, sino con la sociedad que le ha confiado la responsabilidad más importante de la nación.

Las otras tres reglas no escritas, pero reales, a efecto de conformar un buen equipo de colaboradores, son muy conocidas. La primera de ellas es no nombrar a un individuo al que sea muy costoso pedirle la renuncia desde el punto de vista de la opinión pública, aunque esté justificado. Eso sucede con las personas que tienen un gran reconocimiento, al margen de la función pública para la que han sido designadas.

La segunda es advertir a los colaboradores que el acto de gobernar requiere la confianza de la sociedad, de manera que lo que se decía de la mujer del César —que no sólo debía ser honrada, sino también parecerlo— también es cierto con los miembros del gabinete. Cualquier sombra de duda recaerá sobre el presidente.

La tercera a veces es dolorosa. Los ministros y altos ejecutivos, además de sus funciones habituales, desempeñan el rol de *fusibles* ante las crisis que se plantean. Cuando se trata de devolverle la confianza a la sociedad y las ilusiones con el gobierno, generalmente durante una crisis, es menester reemplazarlos. Ellos deben saberlo al ser nombrados.

Naturalmente, algunas personas indeseables se le acercarán, Presidente, en busca de los cargos principales. Entre estas personas están los arribistas y los necesitados de recursos. Hay que descartarlos de inmediato. El gobierno no es una fundación caritativa que prima las necesidades de quienes requieren ayuda, sino una entidad al servicio de toda la sociedad.

Una manera de desechar a los ineptos es creando un comité de nombramientos al que se le dan instrucciones precisas de cómo reclutar a los mejores de acuerdo con la técnica de los cazatalentos. Sin duda, la negativa a contratar a ciertas personas generará algunos conflictos, pero esta desagradable circunstancia siempre será menos mala que dotar de responsabilidades a quienes probablemente fracasarán en el desempeño de unas funciones para las que no están bien dotados.

EL APOYO DE LA SOCIEDAD CIVIL

En la primera mitad del siglo XIX el aristócrata francés Alexis de Tocqueville se sorprendió de la inmensa solidaridad presente en la sociedad civil estadounidense y le atribuyó a ese rasgo la vitalidad de la democracia en Estados Unidos, expresada en la existencia de miles de organizaciones sociales espontáneamente creadas. Era algo diferente a lo que veía en la Francia de su tiempo.

La pregunta no es si ciertas sociedades, como la estadounidense, son más solidarias que las latinoamericanas —que lo son—, sino por qué ocurre ese fenómeno. A mi juicio, tiene que ver, fundamentalmente, con el reconocimiento social que encuentran en esas naciones los filántropos y los voluntarios. En ellas, ayudar a los otros se convierte en un galardón personal muy notable. Se les aprecia y distingue por lo que hacen por el prójimo. Los estudiantes necesitan acreditar en sus currículos que dedican tiempo a los desvalidos. Muchos jubilados se sienten útiles asistiendo a los demás. Hay organizaciones de ex ejecutivos que brindan consejos a los emprendedores.

Es vital que el presidente advierta que entre sus múltiples funciones está la de incorporar a todos los ciudadanos que posean el ánimo de aportar a las tareas que benefician la convivencia. Las necesidades de la sociedad son enormes y los recursos oficialmente disponibles, muy escasos. Sin embargo, en el seno de la sociedad hay muchas personas dispuestas a ayudar si se les estimula a que lo hagan.

Tan importante como la formación del gabinete es la organización de la sociedad civil para importantes tareas *ad honorem*. ¿Como cuáles? Son muchas, y mientras más personas se vean involucradas en múltiples *patronatos* creados *ad hoc*, más posibilidades tendrá el gobierno de salir airoso.

- La defensa civil para enfrentarse a las catástrofes naturales. Como se trata de eventos que ocurren de manera imprevista, es demasiado costoso contar con estructuras burocráticas permanentes.
- La lucha contra la pobreza. Hasta el siglo XIX esas batallas las daban las Iglesias y los patronatos privados. Es más probable contar con la solidaridad eficiente de los voluntarios decididos a ayudar al prójimo, que con la asistencia tarifada de unos empleados públicos fatigados y mal remunerados. Esto se observa en organizaciones como la Cruz Roja, Cáritas o la Liga Contra el Cáncer.
- La captación de recursos nacionales e internacionales para obras relacionadas con la educación y la sanidad públicas. En el Primer Mundo hay cuantiosos recursos disponibles. Recuerdo

que el movimiento Libertad, fundado por Mario Vargas Llosa para las elecciones de 1990, que luego perdió contra Fujimori, había identificado y apalabrado varios miles de millones de dólares que llegarían al país para acometer las reformas que se necesitaban.

• La "adopción" de escuelas y hasta calles y parques por personas o entidades privadas.

Hay una noción profundamente equivocada en cuanto a la naturaleza humana. Ésa que establece o supone que hay una diferencia sustancial entre, por ejemplo, los llamados anglosajones y los llamados latinos, en cuanto a las pulsiones altruistas. No es cierto. La diferencia entre la actitud de unos y otros se explica por las recompensas emocionales que les genera el altruismo.

Como sabemos, desde que Jeremy Bentham lo intuyó en el siglo XIX, y luego lo confirmaron los expertos en *Behavioral Economics* recurriendo a la neurobiología, para que "dar" voluntariamente (dinero, tiempo, consejos, lo que sea) se convierta en una actitud frecuente, es esencial que quien lo hace sea compensado con el aprecio genuino de sus conciudadanos. Entre los judíos, por ejemplo, que es la etnia que más ayuda en Estados Unidos, el ejercicio de la filantropía concede una categoría moralmente especial a quienes la practican.

A veces la filantropía se utiliza como una forma de veneración a las personas muertas, acaso con el objeto de que el nombre del desaparecido sobreviva, pero, en esencia, quien aporta los recursos y los desvelos obtiene una recompensa emocional por el sacrificio de su patrimonio y de su tiempo. La gloria del otro se convierte en su propia gloria.

En fin: el presidente, para ser efectivo, debe pedir y lograr el concurso de numerosas personas. Se sorprenderá al descubrir la cantidad de compatriotas que están de acuerdo en secundarlo.

13

Once principios de economía política para gobernantes sensatos

Presidente, cuando Maquiavelo escribió *El príncipe* a principios del siglo XVI, no existía la noción del progreso ni el objetivo de que las personas mejoraran sus niveles de vida paulatinamente. No había gran diferencia entre las formas en que convivían los florentinos de su tiempo y un romano o un hebreo de la época de Jesús. Los pobres estaban condenados a una existencia miserable y los ricos a una opulencia que tampoco los salvaba de las enfermedades y del dolor. Por lo tanto, no se esperaba de los jefes del Estado que desplegaran una labor que favoreciera el destino económico de sus súbditos. Sí que impartieran justicia, guardaran el orden y acaso que proporcionaran algo de "pan y circo" en las fiestas religiosas, pero poco más.

Ese panorama milenario comenzó a cambiar rápidamente a partir de las ideas de la Ilustración (siglos XVII y XVIII), generadoras de un nuevo sujeto histórico depositario de la soberanía que encarnaría en el *ciudadano*, y de la llamada Revolución industrial (siglo XVIII), fenómeno que multiplicaba exponencialmente las riquezas, dando lugar con el paso del tiempo al surgimiento de clases medias urbanas dotadas de crecientes ambiciones económicas y posibilidades reales de satisfacerlas.

A partir de las revoluciones de Estados Unidos (1776) y Francia (1789), y del establecimiento de las ideas democráticas, tibiamente al principio, pero luego impetuosamente, los gobernantes resultaban elegidos con el compromiso de beneficiar a las grandes mayorías. En las urnas recibían un mandato al que debían responder porque habían pasado de ser los amos soberanos, a ser los "servidores públicos".

Ése es usted, Presidente: el primero de los servidores públicos. Bien entrado el siglo XXI se espera que desarrolle una serie de actividades que beneficien a las grandes mayorías. Quienes lo han elegido lo han hecho con la certeza de que la nación que le ha tocado administrar será más rica y próspera cuando haya terminado su mandato. Es cierto que le han otorgado una distinción tremenda —presidir el país—, pero su gloria histórica sólo se sostendrá si consigue gobernar adecuada y honradamente.

¿Cómo se logra ese milagro? De eso, precisamente, trata este capítulo. Y no será una lección abstrusa de economía, sino una serie de observaciones elementales, pero generalmente ignoradas, emanadas de la experiencia.

¿Cuál experiencia? La de 22 de los países que conforman el llamado Primer Mundo. Hay algunos más, pero son los más desarrollados en el terreno económico y los que más progresan, es decir, aquellos que generan o incorporan los adelantos tecnológicos y científicos que nos hacen la vida más larga, entretenida y placentera, lo que explica que suelen ser el añorado destino de los migrantes de todo el planeta.

¿Cuáles son esos países? Guiémonos por el Índice de Desarrollo Humano que publica anualmente Naciones Unidas: Noruega, Suecia, Dinamarca, Alemania, Holanda, Austria, Suiza, Luxemburgo, Canadá, Estados Unidos, Francia, Inglaterra, Australia, Nueva Zelanda, Israel, España, Italia, Japón, Singapur, Taiwán, Hong-Kong, Corea del Sur.

Todas son democracias plurales regidas por el mercado —con la excepción de Singapur, que es un Estado de derecho dotado de un sistema económico de mercado, pero gobernado con mano dura—, en las que la producción de bienes y servicios es una responsabilidad a cargo, fundamentalmente, de la sociedad civil, de donde se deducen estas lecciones básicas para cualquier gobernante.

Primero. La riqueza casi siempre se crea en el ámbito de la empresa privada. No se trata de un capricho. En el pasado, los países comunistas intentaron crear riquezas en el sector público, guiados por la superstición marxista de que los medios de producción debían ser colectivos para evitar la apropiación indebida de la supuesta *plusvalía*, pero fracasaron estrepitosamente y se fueron distanciando del Primer Mundo.

Los casos de las dos Alemanias o de las dos Coreas son emblemáticos. Más aún: algunas naciones democráticas, como Inglaterra, que experimentaron intensamente con la estatización de ciertas grandes empresas, al cabo de varias décadas de continuado deterioro tuvieron que revocar esas "nacionalizaciones" porque todo terminó en un total desastre. Hoy uno de los requisitos de las naciones para pertenecer a la Unión Europea es privatizar las empresas estatales.

Segundo. El único espacio donde se crea riqueza es la empresa, y es absolutamente cierta la ley de Say, formulada por el economista francés Jean-Baptiste Say (1767-1832), que establece que la oferta crea la demanda, y no al revés, como pudiera intuirse incorrectamente. De esto se deduce que una de las tareas básicas de cualquier gobernante que entienda sus funciones es generar el ambiente propicio para que la sociedad que dirige cree un tejido empresarial robusto, exitoso y moderno.

A todos nos interesa que las empresas sean grandes para que creen empleos. Y a todos nos conviene que sean exitosas para que paguen impuestos que permitan mejorar las infraestructuras y sostener el gasto social. Y que sean modernas para que participen de las innovaciones y hallazgos científicos que dotan de cierto perfil al Primer Mundo.

Es importante entender que el Estado —que somos todos— es el socio que disfruta de las ventajas de ser condueño de las empresas, por la vía de los beneficios que recibe, sin correr los riesgos de los propietarios directos de estas entidades.

Y si ésa —crear la atmósfera adecuada para el florecimiento de las empresas— es la tarea fundamental de los Estados en el terreno económico, ¿qué deben hacer un presidente y una clase política inteligentes para cumplirla? Veámoslo.

Tercero. Comprender que la labor de los buenos gobernantes es crear instituciones y vías para desatar la creatividad y la productividad de la sociedad, facilitando su tarea para que genere riqueza. Esa obvia tarea, con frecuencia, no sólo es ignorada por los gobernantes, sino que, además, muchos hacen lo contrario, entorpeciendo el desarrollo de los pueblos por medio de obstáculos artificiales generados por la burocracia.

Cuarto. Entender que el desarrollo armónico es el resultado de la presencia continua de cuatro *capitales* que se necesitan el uno al otro:

- El capital físico, hecho de recursos económicos, tierra, maquinarias, en fin: cuestiones materiales.

- El capital humano, compuesto por personas bien instruidas, capaces de participar en actividades complejas, agregarle valor a la producción y emprender o capitanear negocios.

- El capital cívico, es decir: toda sociedad desarrollada necesita que un número abrumador de ciudadanos posea una cierta ética de trabajo, se coloque voluntariamente bajo el imperio de la ley y obedezca reglas razonables.

- El capital patrimonial, constituido por las infraestructuras materiales (caminos, puertos y aeropuertos, electricidad, internet, agua potable, seguridad) y las intangibles (redes de financiamiento, buenos hábitos comerciales y un largo etcétera).

Quinto. Para contar con capital físico es necesario que la clase gobernante dé las garantías legales necesarias a los inversionistas nacionales y extranjeros. Que no cambien las reglas arbitrariamente. Que exista una legislación flexible para la contratación y el despido de los trabajadores, así como para la radicación de medidas de reestructuración de deudas, o para la quiebra de las empresas, porque la economía de mercado es dinámica y está hecha de triunfos y fracasos. Que existan mecanismos rápidos y justos para resolver las inevitables controversias legales surgidas de las actividades empresariales. Que no los esquilmen con impuestos excesivos. Que no prevalezca en la sociedad una atmósfera de lucha de clases y, muy especialmente, que se erradique esa suicida dicotomía adversaria entre capital y trabajo (dos aspectos del mismo fenómeno).

Sexto. Los países desarrollados suelen contar con un notable capital humano, pero no es necesario preguntarse si viene primero el huevo o la gallina. Las dos tareas pueden desarrollarse simultáneamente, como se vio en Taiwán y en otros lugares que han conseguido desarrollarse, en esencia, con el esfuerzo propio.

Es muy útil que los gobernantes entiendan que la zona más importante de la educación comienza en la etapa preescolar y se prolonga aproximadamente hasta los 12 años de edad. En ese periodo se fomenta el gusto por la lectura y, por la vía del aprendizaje de la aritmética, se dan los primeros pasos en el universo científico. Si queremos tener buenos ingenieros, abogados, médicos, investigadores, etc., esa labor debe comenzar en la infancia, en los primeros años, cuando se forjan la personalidad y el carácter, y cuando se adquieren los hábitos de comportamiento buenos o malos.

Por otra parte, es conveniente recordar que las sociedades que han dado el salto al Primer Mundo han puesto el acento en la educación de las mujeres, tal vez porque una madre educada garantiza, en gran medida, que los hijos también lo sean.

En todo caso, en las mediciones contrastadas de conocimientos (las pruebas PISA, por ejemplo), los estudiantes latinoamericanos están prácticamente al final de la línea. ¿Por qué? La respuesta es compleja, pero sin duda hay que tomar en cuenta la pésima preparación de los maestros.

No suele haber buenos alumnos con maestros malos. Sin facultades de pedagogía exigentes, no habrá maestros buenos. Simultáneamente, sin salarios razonables y sin reconocimiento social, no puede esperarse que las personas mejor dotadas escojan la carrera de la enseñanza.

Séptimo. La manera de fomentar el capital cívico es mediante el ejemplo y la educación. Se pueden enseñar valores. Hay ejercicios educativos en la etapa de formación que adiestran a los niños en el respeto a las normas. Unos gobernantes preocupados por el destino a largo plazo de nuestras sociedades no pueden soslayar este aspecto del buen gobierno, aunque no produzca réditos electorales a corto plazo.

Octavo. El capital patrimonial —las infraestructuras— y las redes comerciales y financieras hay que conservarlas e incrementarlas. Cuando nos asombramos de que en Estados Unidos cuatro jóvenes en un garaje hayan creado Apple o Microsoft, olvidamos que actúan en una densa atmósfera en la que están presentes el capital físico de riesgo, el capital humano, el capital cívico y el patrimonial. Personas creativas e inteligentes hay en todas partes. Lo que no abundan son las naciones en las que existen todos los componentes para propiciar el desarrollo y el progreso.

Noveno. No le corresponde a usted, Presidente, ni a sus ministros, elegir qué sector de la sociedad debe desarrollarse y asignarle privilegios económicos. Los servidores públicos no pueden, ni saben, ni deben predecir el futuro escogiendo ganadores y perdedores. Eso es injusto y se presta a diversas formas de corrupción. Es conveniente que faciliten el flujo de la información, pero deben llegar sólo hasta ese punto para no distorsionar la gran ecuación económica que entraña el buen funcionamiento del mercado.

Décimo. Esta visión del Estado como facilitador, en lugar de realizador, ¿no limita mucho la labor gubernamental? En realidad, más que limitarla, la agiliza. El Estado puede hacer muchas cosas, pero lo ideal es que recurra a la *tercerización*. Es preferible privatizar la ejecución de todas las obras públicas y los servicios.

Por ejemplo, cuando Álvaro Uribe era gobernador de Antioquia se enfrentó a un crecimiento enorme de la población estudiantil en el sector público. Pudo crear nuevas escuelas, pero sabía que eran pésimas, mientras las escuelas privadas tenían más calidad. ¿Qué hizo? Matriculó a miles de niños en las escuelas privadas, mediante el sistema de *vouchers* pagados por el Estado. Los estudiantes tuvieron acceso a una mejor educación y hubo un ahorro neto en los costos.

No hay duda de que eso mismo se puede hacer en casi todos los renglones del servicio público. Es preferible que una empresa privada se ocupe de distribuir agua potable, antes que no tenerla. Es conveniente que ciertas cárceles, determinados hospitales o algunos aeropuertos sean administrados por empresarios del sector privado, antes que por el Estado. Lo van a hacer mejor, a menos costos reales y, además, van a contribuir al fisco con los impuestos producidos por los presuntos beneficios.

En el mundo hay abundante capital físico accesible para cualquier Estado que sea capaz de organizar licitaciones honradas y que entienda que lo importante es dar un buen servicio, y no empecinarse por razones ideológicas en quién lo brinda.

Undécimo. Por último, Presidente, la riqueza de las naciones no se hace de la noche a la mañana. Es un proceso gradual de complejidad creciente en todos los órdenes. No existen los atajos ni las "balas de plata". Estados Unidos, que es la nación más poderosa de la Tierra, creció al ritmo promedio de sólo 2% anual, pero lo ha hecho constantemente durante 240 años, sin graves interrupciones, exceptuados los cuatro años de la Guerra Civil acaecida de 1861 a 1865.

Japón dos veces ha realizado esa misma hazaña: tras la Revolución Meiji de 1866, ya totalmente exitosa a principios del siglo XX, y después de la Segunda Guerra Mundial, cuando creció más de 5% anual durante casi medio siglo continuo.

Taiwán, Singapur, Corea del Sur y Hong Kong, los llamados "tigres" o "dragones" asiáticos, e Israel, denominado por algunos el "tigre semita", han demostrado que se puede dar un salto cualitativo en el curso de dos generaciones. Es decir: se puede nacer pobre en una familia poco educada y morir como clase media con un nivel alto de instrucción. La pobreza y el subdesarrollo o lo contrario son opciones elegibles.

14

El tamaño sí importa, pero la desigualdad, menos

No piense mal, Presidente. Me refiero al Estado. Éste es un debate que sacude al planeta. El tamaño del Estado, por supuesto, importa mucho, pero lo realmente vital es la calidad de ese Estado. Lo esencial es cómo, en qué, por qué y quiénes se gastan los recursos que se le entregan al Estado, y no tanto a cuánto ascienden.

El argumento supuestamente objetivo para recomendar o condenar un modelo u otro de Estado suele establecerse contrastando el gasto público con el PIB o valor de toda la riqueza creada por el país a lo largo de un año. Los defensores del gasto público alto generalmente se acogen al ejemplo escandinavo. El Estado finlandés consume 53.7% del PIB, el danés 55.9, el sueco 51.4 y el noruego 56.8. Y no cabe la menor duda de que esa zona es quizá la más rica y mejor administrada del planeta. La más apacible, civilizada y equitativa.

En cambio, los partidarios del gasto público reducido imputan la extraordinaria vitalidad de Suiza a que sólo dedica al Estado 33.7%. Pero más impresionantes aún son Hong Kong, con 21.2, y Singapur, con un reducido 15.4. (Todos estos datos son oficiales y los tomo del *CIA World Factbook* porque adapta las cifras a los precios de consumo o PPP —paridad de poder adquisitivo, por sus siglas en inglés—.)

Naturalmente, para efecto de alcanzar prosperidad colectiva es muy importante la proporción de riqueza que se le entrega al Estado por medio de los impuestos para dedicarla a los gastos comunes, pero mucho más trascendentes que ese dato objetivo son la calidad de las instituciones y las reglas, los valores que prevalecen en el grupo y el comportamiento de los servidores públicos, o sea, el capital intangible del Estado.

En general, los países desarrollados, y entre ellos los escandinavos, aparecen entre los más honorables (Transparencia Internacional), los mejor educados (*Índice de Desarrollo Humano*) y los que poseen un clima más hospitalario para hacer negocio (*Doing Business Index*, del Banco Mundial).

Pero eso también puede afirmarse de Suiza, Hong Kong, Estados Unidos y Singapur. Entre uno y otro grupo hay grandes diferencias en la proporción del gasto público, pero notables similitudes en la forma en que crean la riqueza y abordan el servicio del Estado.

Aunque sea incómodo, hay que admitirlo: las sociedades que cuentan con los valores, conocimientos y creencias adecuados generan de manera espontánea funcionarios dotados de actitudes positivas, Estados eficientes y administradores comprometidos con el bienestar general que proponen y ejecutan mejores medidas de gobierno.

Esto es vital entenderlo, Presidente, aunque conduzca a cierta melancólica conclusión: los políticos y servidores públicos no son mejores o peores que el conjunto de la sociedad de donde surgen. Si entre ellos abundan los bribones o, por el contrario, las personas voluntaria y conscientemente subordinadas a la ley que actúan decentemente, es porque ésas son las raíces generales de la tribu a la que pertenecen. Hago esta observación porque escuché en España, recientemente, a tenor de los escándalos que sacuden al país, que todos los dirigentes de los partidos políticos, sindicatos y empresarios, a la izquierda y a la derecha, son "chorizos" (delincuentes).

No es así. El asunto tal vez es más grave. Desgraciadamente, aunque en el país hay mucha gente honorable, un alto porcentaje de la sociedad española ignora la ley y trata de violar las reglas, como también sucede en Italia, en Grecia y en otras cien naciones. De esos polvos provienen estos lodos. Es un problema del conjunto de la sociedad, no de unos pocos individuos.

Me temo que en casi toda América Latina es aún peor, Presidente. El capitalismo que existe es el del compadreo y el del pago de "comisiones". Muchos políticos, electos o designados, roban a manos llenas. Los votantes son estómagos agradecidos. Los "enchufados" que cobran y apenas trabajan son legión. Hay países en los que la burocracia pone trabas sólo para provocar coimas. El robo, el peculado y la malversación son la norma y a la mayor parte de la sociedad no parece importarle. ¿Para qué seguir?

Esta observación nos lleva de la mano para formular una especie de triste regla general: es contraproducente, incluso suicida, entregar una parte sustancial del trabajo de la sociedad a Estados en los que predominen la irresponsabilidad, el clientelismo, la imprevisión, el nepotismo, los gastos caprichosos, las personas mal formadas, ladronas, mentirosas, poco rigurosas y carentes de un verdadero espíritu de servicio.

Baltasar Gracián lo habría formulado de esta manera: si el Estado es malo, es preferible que sea pequeño. Si es bueno, en cambio, podemos discutir el monto apropiado de los impuestos. Una persona responsable no le entrega una navaja a un mono borracho.

LA SANA LUCHA POR LA DESIGUALDAD

Y ahora, Presidente, abordemos el tema de la desigualdad. Sin duda sus adversarios lo atacarán por ese flanco.

Comienzo con una anécdota. Me la relató la protagonista, una excelente médica cubana, especialista en implantes cocleares encaminados a devolverles la facultad de oír a niños sordos.

Hace unos cuantos años, al volver de las vacaciones, la esperaba el moralizante comité del Partido Comunista del hospital donde trabajaba en La Habana. Se proponían reprenderla. Ella no sabía por qué, pero pronto se lo comunicaron. Era culpable de una conducta impropia del socialismo: se había creado fama de ser la mejor cirujana en su especialidad. Se había destacado. ¿Existía alguna prueba? Por supuesto: sus pacientes prefirieron esperarla y durante su ausencia, *motu proprio*, se negaron a ponerse en las manos de otros médicos.

La acusada escuchó asombrada la regañina. Le explicaron que la revolución preconiza el trabajo en equipo y es refractaria al éxito egoísta de los individuos, práctica que aparentemente pertenece al ámbito del capitalismo despreciable.

La doctora replicó que nada había hecho para seducir a sus pacientes, salvo ser buena médica, y aceptó el rapapolvo para no complicar su situación, pero secretamente tomó la decisión de escapar de un país dispuesto a castigar la excelencia en nombre del igualitarismo revolucionario. Desde hace unos años ejerce su profesión muy exitosamente en Miami.

Agrego esta historia personal al libro, Presidente, porque hoy, mientras los gobiernos, los partidos políticos y numerosos pensadores, colectivistas y no colectivistas, se preocupan por reducir la desigualdad, satanizan el lucro y esgrimen como bandera el *Índice Gini*, con el que suelen azotar a quienes se han enriquecido; individuos que, por la otra punta del análisis, luchan por descollar y con sus éxitos acentúan las diferencias sociales.

Tienen razón los individuos. Tratar de sobresalir, intentar destacarse, luchar por ser mejores que los demás, diferentes a ellos, incluso más ricos y apreciados, forma parte de la naturaleza humana, y a todos nos conviene que así sea. Reprimir ese impulso, condenarlo moralmente e intentar igualar a los individuos es el camino más corto al fracaso general.

Más aún: como sabe cualquiera que haya observado con cierto cuidado el comportamiento de las personas normales, eso es lo común, lo sano, lo que nos impulsa todos los días a trabajar y a vivir. Sin ese estímulo íntimo, rabiosamente individualista, se genera el aniquilamiento del yo, diluido en medio de una pastosa marea de seres más cercanos al enjambre de abejas idénticas que a la especie competitiva, alerta y desigual a la que pertenecemos.

La autoestima, tan importante para el equilibrio emocional, depende de eso. Quienes están satisfechos consigo mismos poseen más posibilidades de ser felices y de crear riqueza para ellos y para beneficio del entorno en el que viven. Por el contrario, la sensación de mediocridad, y más aún de una cierta inferioridad relativa, suele abatir a quienes la sufren.

Cuando la depresión no tiene una causa fisiológica —un desequilibro hormonal o químico— el origen hay que buscarlo en el terreno oscuro de una autopercepción negativa. Son esas personas que no pueden o quieren levantarse de la cama para luchar porque su ego ha sido aplastado, y ni siquiera entienden qué les ha sucedido, más allá del malestar que las agobia.

Se equivocan los gobiernos, los partidos políticos y las instituciones religiosas en tratar de demonizar y penalizar la desigualdad. ¿Qué hacemos, intuitivamente, con quienes se destacan? En general, los admiramos. Los declaramos héroes y, si se tercia, los enriquecemos con nuestras preferencias. Puede ser un guerrero valiente, un artista excepcional, un deportista triunfador. Puede ser una persona dedicada a la filantropía, como la Madre Teresa, o a la creación de empresas, como Steve Jobs.

El héroe es alguien extremadamente desigual que ha realizado una hazaña poco común y eso lo convierte en un modelo ideal de comportamiento. A nadie le molesta (o debería molestarle) que en procura de su singularidad el héroe llegue a convertirse en una persona muy rica, infinitamente más que la media, como sucedió con Picasso, con Bill Gates, con el tenista Rafa Nadal, con la cantante Beyoncé y con los miles de triunfadores que en el mundo son y han sido.

La palabra *logro* viene de *lucro*. La riqueza, cuando ha sido ganada limpiamente, es una forma de merecido reconocimiento. El lucro no es un pecado, ni el logro debe ser un delito o un comportamiento censurable. Quien se destaca y triunfa, Presidente, por el contrario, merece nuestra admiración, nunca nuestro desprecio.

15

Los poderes fácticos

Presidente, tan pronto usted entre en la casa de gobierno llamarán a su puerta los "poderes fácticos" con diversos tipos de peticiones o presiones. ¿Qué es eso? Se trata de una frase española con la que denominan a ciertos sectores de la sociedad que tienen un peso específico excepcional y una notable presencia en los medios de comunicación.

Hablamos, por ejemplo, de la banca, la Iglesia, las fuerzas armadas, las cámaras de comercio, algunas embajadas, como la de Estados Unidos y, en menor medida, la de España. Todos querrán que prevalezcan sus intereses. Todos le dirán que lo que solicitan es legítimo. Algunos se atreverán, incluso, a amenazarlo veladamente o tratarán de corromperlo. Sus electores, por supuesto, esperan de usted que resista esos retos.

Es muy importante, Presidente, que usted entienda, primero, que, al contrario de la vieja creencia puesta en circulación por el primer ministro lord Palmerston a mediados del siglo XIX, las naciones no tienen intereses, sino principios y valores.

Las personas, las empresas, y los llamados poderes fácticos, en cambio, tienen intereses, y a veces se contraponen —la banca, por ejemplo, tratará de cobrar una tasa más elevada de intereses, mientras los empresarios intentarán pagar menos—, pero las naciones sólo pueden tener valores y principios. Son ellos los que unifican a los ciudadanos.

Por otra parte, su labor como presidente está limitada por la Constitución. Usted no puede complacer a los poderes fácticos en nada que contraríe las reglas. Usted sólo puede hacer aquello que la Constitución le autorice u ordene. Nada más y nada menos. Para eso fue elegido. Por eso es importante que, en la primera parte de la conversación, usted, amable pero firmemente, le explique a su interlocutor, quienquiera que éste sea, que el primer servidor público de la nación está obligado a colocarse bajo el imperio de la ley.

En todo caso, Presidente, ¿qué le solicitarán esos poderes fácticos?

LA BANCA

Las relaciones de la banca con la sociedad son muy delicadas y hay que cuidarlas, pero sin caer en sus manos. Con frecuencia, se obliga a los bancos a adquirir bonos del Estado —deuda pública— sistemáticamente, y eso provoca que se cree una insana relación de mutua dependencia.

Todo el sistema económico está montado sobre la confianza. Si ésta falla, el descalabro es total. Los depositantes confían en que su dinero está seguro en las bóvedas del banco donde lo han colocado, pero los préstamos, usualmente, exceden en un 90% a los depósitos.

Si hay una "corrida" bancaria porque desaparece la confianza y todos quieren retirar sus depósitos simultáneamente, se produce un caos tremendo. Sin embargo, los banqueros desean estar poco regulados y no afrontar las consecuencias de sus desatinos.

Eso es suicida. Usted, Presidente, debe salvaguardar los intereses de la sociedad. Hay que regular cuidadosamente todas las actividades fiduciarias, precisamente porque la salud del sistema económico se apoya en la banca en gran medida. La quiebra de una empresa fiduciaria daña al conjunto de la sociedad. No olvide que la quiebra del banco austriaco Creditanstalt en 1931 agravó la crisis financiera internacional y se hizo sentir en Alemania, Gran Bretaña y Estados Unidos. Si hay una reacción en cadena, es la de la insolvencia bancaria.

Es importante que los banqueros y los accionistas de los bancos, y todos los que manejan dinero ajeno, respondan con sus bienes personales si hay malos manejos, sean o no delictivos. Es muy probable que si está su dinero personal en juego, los banqueros y ejecutivos de la banca sean mucho más prudentes a la hora de tomar riesgos.

La sociedad ve con muy malos ojos el *rescate* de los banqueros —como sucedió recientemente durante la recesión desatada por el financiamiento irresponsable de bienes raíces— cuando se producen las crisis, mientras se embolsan las ganancias cuando los negocios van bien.

Una cosa es rescatar a los bancos, porque nos conviene a todos, y otra muy distinta es rescatar a los banqueros que tomaron malas decisiones. El sistema de economía de mercado está montado sobre la base de la responsabilidad de los empresarios. Si hacen bien su trabajo y ganan, estupendo. Si se equivocan, como todos los empresarios, deben afrontar sus errores.

En Suecia, a principios de los noventa del siglo xx, cuando el sistema bancario se estremeció por una burbuja inmobiliaria y el insoportable peso del Estado de bienestar (entre otras razones), el Estado intervino la banca y la saneó, pero los propietarios de los bancos perdieron su capital. Luego los bancos resultaron reprivatizados y las acciones fueron a dar a nuevas manos. Era importante subrayar que la banca no contaba con ningún privilegio especial.

Las fuerzas armadas

Presidente, a veces es intimidante la presencia de los jefes uniformados en la casa de gobierno, pero es esencial que usted comprenda exactamente el tipo de fuerzas armadas (FFAA) que necesita su país y luego dedique cierto esfuerzo a persuadir a la sociedad para que adapte la milicia a los requerimientos de la nación, y no al revés.

Incluso, puede llegar a la conclusión de que el país no necesita un ejército convencional, como ha sucedido en Costa Rica, Panamá y en la mayor parte de los países del Caribe. (¿Para qué necesita República Dominicana los 170 generales y almirantes que posee? Más, por cierto, de los que tiene Alemania.)

Eso no quiere decir que el Estado no requiera unidades policiacas para combatir la delincuencia y cuidar las fronteras, o un buen cuerpo de inteligencia capaz de penetrar las estructuras del crimen organizado, pero es obvio que para esas labores no se necesitan bombarderos aéreos, buques acorazados o artillería pesada.

Contar con unas fuerzas armadas sobredimensionadas puede generar entre los uniformados dos tentaciones peligrosas. Una de ellas es tomar el poder. La otra es hacer la guerra. Cuba, aunque fuera muy censurable, se limitó a infiltrar guerrillas en casi toda América Latina mientras su aparato militar era pequeño, pero cuando tuvo unas fuerzas armadas poderosas, las llevó a guerrear a África durante 15 años.

No hay duda de que el órgano fabrica la función. Los militares argentinos han ocupado el poder varias veces, lo que es altamente criticable. Pero cuando creyeron que tenían suficiente poderío, desataron la Guerra de las Malvinas. Por la otra punta, los países que carecen de fuerzas armadas convencionales están obligados a entenderse.

Naturalmente, esta lectura de las FFAA no es ni puede ser universal. Colombia ha necesitado unas fuerzas armadas porque las Fuerzas Armadas Revolucionarias de Colombia (FARC), el Ejército de Liberación Nacional (ELN), los paramilitares y el resto de los subversivos han constituido un reto muy notable para los valores de la república. Pero también es cierto que los países con sistemas democráticos más estables, al menos en América Latina, son los que han carecido de ejércitos.

Probablemente es buena idea, si ello es posible, como en su momento hizo Costa Rica, convertir los cuarteles en escuelas y prescindir de las FFAA, aunque en su frontera norte padezca el acoso de un vecino belicoso y bien armado como es Nicaragua. El ahorro que significa no contar con un presupuesto militar convencional es extremadamente conveniente.

La Iglesia

Tal vez debería haber escrito "las Iglesias", pero, en rigor, la institución que probablemente le pida una de las primeras audiencias,

Presidente, sea la Iglesia católica (IC). Y es natural que así sea. La IC, aunque hoy sea considerablemente más débil y sufra la competencia de otras denominaciones cristianas, tiene una antiquísima tradición en América Latina y fue parte del poder durante siglos, como atestigua la historia.

Posiblemente sea el nuncio, es decir, el embajador del Vaticano, quien primero llame a su puerta, o acaso lo haga el arzobispo o cardenal —si lo hubiere— radicado en la capital. ¿Con qué propósito? La tarea esencial de la Iglesia es difundir el Evangelio y la secundaria, pero muy importante, es enseñar. Las órdenes que se dedican a la pedagogía suelen hacer bien su tarea. En general, bastante mejor que el sector público. Tal vez de eso se trate la visita.

Hay una tercera labor que también desempeñan acertadamente: el ejercicio de la caridad. Ayudan a los pobres y desvalidos, cuidan a ciertos enfermos generalmente olvidados (en Cuba organizaron desde 1714 la reclusión y tratamiento de los leprosos, tarea que todavía realizan parcialmente).

En general, la IC tiene bastante prestigio. ¿Qué le irán a pedir sus representantes a su despacho? Probablemente, medios para difundir su mensaje y, si los deja, el derecho a decidir lo que es moralmente aceptable o no, dado que la IC, durante bastante más de 1 000 años, contó con el privilegio de ejercer como conciencia ética de la sociedad en régimen de monopolio, fenómeno al que afortunadamente le puso fin el establecimiento de dos principios republicanos irrenunciables generados por la Ilustración: la libertad de cultos y el laicismo.

Tendrá que decirles que no cuando lo que le pidan sea impropio o ilegal, pero deberá hacerlo con inteligencia porque, probablemente, algunos representantes de la IC le pueden resultar útiles al frente de cualquier actividad pública que requiera a la cabeza una persona más allá de toda sospecha.

LOS EMPRESARIOS

Presidente, durante milenios los poderosos —reyezuelos, potentados, sacerdotes y milicias— se pusieron de acuerdo para repartirse la mayor parte de las rentas. De alguna manera, esas prácticas se han prolongado hasta nuestros días, aunque hoy sean perseguidas de manera ostensible.

Vendrán a verlo los representantes de las cámaras de comercio, o de industria, o los productores agropecuarios. Se trata de gremios muy fuertes con intereses a veces contrapuestos. A los exportadores les conviene una moneda débil, con un cambio que favorezca las ventas al exterior, y unas medidas de protección arancelaria a la producción local. A los importadores, naturalmente, les interesa lo contrario. Los consumidores, en cambio, lo que desean es que los bienes de consumo sean buenos y baratos.

La manera de enfrentarse a este dilema, Presidente, es la que adoptó Chile mediante su legislación: un arancel único, muy bajo, y depositar el control de la tasa de cambios y de la impresión de moneda en los técnicos del Banco Central. No se pueden dejar estas decisiones a los políticos porque harán lo que electoralmente les conviene, y no necesariamente lo que favorezca al país, como demostró el Premio Nobel de Economía James Buchanan en los papeles de la teoría de elección pública.

Lo que quiero decirle, Presidente, es que le conviene atarse las manos para que los empresarios tengan que hallar en el mercado y la competencia la solución de sus males o peligros. Cualquier decisión que usted tome en beneficio de una entidad o de un grupo tendrá efecto negativo para otros, y no tiene derecho a hacerlo.

LAS EMBAJADAS PODEROSAS

Teóricamente, Presidente, todos los países son iguales, pero, parafraseando a George Orwell, hay unos más iguales que otros. Estados Unidos es uno de ellos. En Iberoamérica, España es el otro.

Estados Unidos, porque, desde principios del siglo XX, es la primera potencia del planeta en el terreno militar y económico, y la fuente de desarrollos tecnológicos, científicos y (parcialmente) artísticos que han conformado al mundo moderno. Consciente o inconscientemente, nuestras sociedades imitan el *American way of life*, como en el siglo xix lo hacían con Inglaterra y, en menor medida, con Francia.

A ésto habría que agregar la vocación intervencionista de Washington, más pronunciada en el Caribe y Centroamérica —35 operaciones militares dan fe de ello—, fundada más en la responsabilidad derivada de su carácter de gran potencia americana comprometida con la estabilidad de la región, que en sus intereses económicos, aunque éstos, con frecuencia, también han contribuido a generar reacciones imperiales.

En definitiva, Presidente, Estados Unidos es un factor que tendrá que tomar en cuenta y el embajador de ese país será una visita frecuente a la casa de gobierno. ¿Cuáles serán sus cinco objetivos principales en los tiempos actuales?

- Primero, los temas de seguridad nacional: terrorismo y proliferación de armas de destrucción masiva.
- Segundo, el narcotráfico. Hay 25 o 30 millones de habituales consumidores de drogas en Estados Unidos y una buena parte del suministro proviene de los cárteles latinoamericanos.
- Tercero, el éxodo de inmigrantes ilegales hacia territorio estadounidense.
- Cuarto, la protección de los intereses económicos de las empresas estadounidenses.
- Quinto, y de manera crecientemente debilitada, el compromiso estadounidense con el respeto a los derechos humanos y a la democracia liberal como forma de mantener la estabilidad en la región.

Lo probable, Presidente, es que el representante de Estados Unidos no se mueva de la promoción y defensa de sus objetivos, para lo cual cuenta con instrumentos de búsqueda de inteligencia como la Agencia Central de Inteligencia (CIA) y la Drug Enforcement Administration (DEA), e instituciones políticas y económicas como la Agencia de los Estados Unidos para el Desarrollo Internacional (USAID), o acceso preferente a entidades crediticias como el Banco Interamericano de Desarrollo (BID), el Fondo Monetario Internacional (FMI) o el Banco Mundial (BM), donde el principal accionista es el gobierno de Estados Unidos.

Usted tendrá que decidir si permite que operen en el territorio nacional, lo que probablemente le convenga al país de diferentes formas (lucha contra las mafias locales, por ejemplo), pero le aconsejo que cultive una relación directa con otras instancias del gobierno de Estados Unidos, como el Poder Legislativo, para que pueda defender los intereses de su país en caso de que surja un conflicto con el Departamento de Estado o el embajador designado.

No espere, eso sí, de Estados Unidos un vínculo en el que exista un elemento de lealtad. Ese rasgo pertenece a la esfera de las emociones personales y Estados Unidos es un país de reglas y leyes, totalmente impersonal, en el que no hay espacio para esos comportamientos *sentimentales*.

En cuanto a España, *Madre Patria* de Hispanoamérica (Brasil fue desovado por Portugal), hoy segundo inversionista en el continente, tiene sólo dos objetivos fundamentales: cultivar la buena imagen histórica de la nación y cuidar los intereses de los empresarios españoles radicados en estos países, lo que señala las únicas zonas de posible fricción. Sin embargo, de manera ejemplar, su Congreso ha dictado normas migratorias muy generosas con los descendientes de los españoles.

16

El marxismo y la planificación centralizada

Es muy probable, Presidente, que se le acerquen asesores a proponerle un camino marxista para su hipotético gobierno. ¿Por qué no? Las universidades están llenas de personas que defienden esas ideas sin advertir que la realidad las liquidó. Son ideas zombies que deambulan por la sociedad como si estuvieran vivas. Incluso, lo están en Cuba, en la Venezuela de Nicolás Maduro y en la propuesta de los chavistas españoles del partido Podemos, acaudillado por Pablo Iglesias. Por otra parte, nuestra especie sólo ha conocido una propuesta económica que ha sido realmente influyente en el devenir histórico, el marxismo, y sus consecuencias han sido devastadoras. Pero cuando usted alegue que la práctica comunista ha sido nefasta, los marxistas tratarán de separar los textos de Karl Marx de la práctica comunista. Le dirán que el marxismo es una cosa y las ineficientes dictaduras generadas en su nombre, algo muy diferente.

No es verdad, Presidente. De la misma manera que, desde hace varias décadas, ante el horror de la experiencia comunista, se abrió paso la expresión "socialismo real" para tratar de exculpar la teoría con que se fundaron las naciones que abrazaron este modelo de Estado, es vital referirse al "marxismo real".

El *marxismo real* es un disparate que ha tenido muy serias consecuencias. Es el causante del *socialismo real*. No se trata sólo de una abstracta teoría de la historia, como uno puede encontrar en Spengler o en Ortega, sino que esas proposiciones han servido de base para la violenta remodelación de la sociedad de acuerdo con unos postulados desacertados.

La metáfora la he utilizado antes: es como construir edificios con un plano equivocado. Siempre acaban desplomándose. Es verdad que Marx, muerto en 1883, nunca vio el triunfo de sus ideas, pero a partir de la revolución bolchevique en Rusia, en 1917, esa ideología se convirtió en formas concretas de gobierno que fueron, y son, tremendamente destructivas.

En las propuestas de Marx están las semillas de todo lo que luego sucedió en el mundo dominado por sus partidarios comunistas, comenzando por la reivindicación de la violencia para la toma del poder. Lo dice claramente el *Manifiesto comunista* de 1848:

Los comunistas consideran indigno ocultar sus ideas y propósitos. Proclaman abiertamente que sus objetivos sólo pueden ser alcanzados derrocando por la violencia todo el orden social existente. Que las clases dominantes tiemblen ante una revolución comunista. Los proletarios no tienen nada que perder en ella más que sus cadenas. Tienen, en cambio, un mundo que ganar.

¿Por qué sorprenderse, entonces, de que Lenin opinara que "la muerte de un enemigo de clase es el más alto acto de humanidad posible en una sociedad dividida en clases", o que el Che Guevara asegurara que "un revolucionario debe ser una fría y perfecta máquina de matar"?

¿No se deduce de las palabras de Marx esa justificación a la conducta homicida que propone la lucha de clases como el modo de cambiar la realidad? Se lo explicó el propio Marx a Joseph Weydemeyer el 5 de marzo de 1852:

Lo que yo he aportado de nuevo [a la noción de la lucha de clases] ha sido demostrar: 1) que la existencia de las clases sólo va unida a determinadas fases históricas de desarrollo de la producción; 2) que la lucha de clases conduce, necesariamente, a la dictadura del proletariado; 3) que esta misma dictadura no es de por sí más que el tránsito hacia la abolición de todas las clases y hacia una sociedad sin clases.

Los discípulos de Marx, como señalara Engels ante la tumba de Marx a los tres días de la muerte de su amigo, estaban convencidos de que el pensador alemán había descubierto las leyes por las que se rige la historia y había dado con la clave de las injusticias económicas: la existencia de la plusvalía.

Los marxistas, hoy, especialmente tras el hundimiento del comunismo europeo, deberían entender que las crueles e ineficientes dictaduras comunistas surgen de tratar de implementar esas dos supersticiones, ya desmontadas en su época por pensadores mucho más solventes del campo de la Escuela Austriaca, como sucedió con Eugene von Böhm-Bawerk.

Las dictaduras comunistas emanaron de estos y de otros notables errores conceptuales, como la teoría marxista del valor (basada, por cierto, en equivocaciones de Adam Smith y David Ricardo), que inevitablemente conduce al establecimiento de una burocracia estatal dirigista dedicada a controlar los precios y a planificar la economía.

O la más grave: la convicción marxista de que a la humanidad le llegaría la felicidad definitiva cuando los medios de producción se colectivizaran y dejaran de pertenecer a unos pocos privilegiados.

Cuando ello ocurriera, suponía Marx, cuando cambiaran definitivamente las relaciones de propiedad, la Humanidad llegaría a forjar una sociedad comunista tan perfeccionada, que ni siquiera serían necesarios los jueces y las leyes porque las personas estarían gobernadas por impulsos altruistas.

Pero ¿qué ocurrió cuando los revolucionarios intentaron poner en práctica esa delirante utopía? En todas partes, Cuba incluida, sucedieron, al menos, cuatro catástrofes sin parangón en la historia conocida:

- Asesinaron a millones de personas y llenaron de presos los calabozos políticos. Cien millones de muertos se contabilizan en *El libro negro del comunismo*, sin anotar los otros horrores del *gulag*.
- Para crear la "dictadura del (o para el) proletariado", construyeron un partido único como "vanguardia de los trabajadores", generalmente gobernado por un caudillo implacable, que liquidó las libertades tachándolas de "formales" y otra vez convirtió

a los ciudadanos en súbditos de una nueva tiranía, retrotrayéndolos a la época de un despotismo ni siquiera ilustrado.

• Empobrecieron sustancialmente a las personas hasta provocar hambrunas, destruyendo el aparato productivo surgido del orden espontáneo, sustituyéndolo por el raquítico tejido empresarial generado por la planificación centralizada. Ahí está Corea del Norte para demostrar a dónde puede llegar la utopía marxista. Ahí está Corea del Sur para probar las ventajas de las sociedades en la que los medios de producción permanecen en manos privadas. En el lado miserable, improductivo y abusador imperan las ideas marxistas.

• Persiguieron, hasta liquidarlas o silenciarlas, a las personas emprendedoras, al extremo de que a los más creativos y rebeldes sólo les quedaba la opción de escapar. Por eso rodearon los perímetros de las dictaduras marxistas-leninistas con alambradas, muros, soldados armados, perros de presa y lanchas asesinas. Como tantas veces se ha dicho, las dictaduras marxistas-leninistas son las únicas en la historia que han creado fronteras para evitar que la gente se vaya, no que entre.

Tal vez los marxistas, críticos o no tan críticos, no han reparado en el hecho muy significativo de que las ideas de Marx han fracasado en todas las latitudes y en todas las culturas donde las han tratado de implementar. En todas han terminado generando burocracias ineficientes y crueles.

• Han fracasado en pueblos germánicos, eslavos, asiáticos, árabes, turcomanos, latinos.

• Han fracasado en sociedades de origen católico, cristiano ortodoxo, islámico, confuciano, budista, taoísta.

• Han fracasado bajo todo tipo de líderes: Lenin y Stalin, Mao, Ceaucescu, Honecker, Pol Pot, Kim Il-sung y su descendencia, Fidel y Raúl Castro, Hoxha, Rákosi y Kádár, Gomulka y Jaruzelski, Husák. Todos.

¿Por qué ese fallo permanente de la ejecución de las ideas marxistas? Primero, porque eran disparatadas. Segundo, por algo muy sencillo que me respondió Alexander Yakolev cuando le hice esa pregunta a propósito del hundimiento de la Perestroika: "Porque el comunismo no se adapta a la naturaleza humana".

Supongo que algunos defensores de esa teoría opinarán que el marxismo y el comunismo son dos cosas distintas, pero eso es como suponer que el Credo no tiene que ver con el catolicismo. El marxismo es el presupuesto teórico de esos manicomios y así les va. No hay más vueltas que darle.

La planificación centralizada

Y ahora, Presidente, examinemos la idea de que el Estado debe planificar la economía. Sin duda llegarán a su despacho a sugerírselo. Es indispensable a los ojos de los comunistas y de muchas personas provistas de una convicción muy acentuada: el libre mercado es anatema. De acuerdo con ellos, las decisiones económicas —qué producir, cuánto, cómo, para quiénes y a qué precio vender— no deben tomarse en función de las decisiones de los individuos, sino de las necesidades colectivas. Para lograrlo, en principio, el Estado debe apoderarse de los medios de producción o, al menos, de su planificación.

¿Quiénes son capaces de interpretar cuáles son esas necesidades colectivas? Según los planificadores, un grupo de comisarios especializados integrados en diversos niveles administrativos. ¿Por qué suelen fracasar? No por falta de formación académica, sino por razones psicológicas y porque inevitablemente carecen de una parte sustancial de la información.

- La estructura burocrática que toma las decisiones suele guiarse por criterios políticos. Se fijan metas irreales.
- No hay incentivos para producir adecuadamente porque no hay que seducir a los clientes.

- La unidad —la fábrica, la empresa que elabora un servicio— está engarzada a todo el tejido productivo y depende de la eficiencia ajena para cumplir sus objetivos, siempre arbitrariamente asignados.
- Nunca sabrán las fluctuantes preferencias de los consumidores finales.
- No pueden prever la disponibilidad de los insumos ni el precio de esos suministros.
- No existe una relación clara entre el costo de producción y los salarios.
- La contratación de los trabajadores no responde a la necesidad de producir beneficios, sino a la de otorgar empleos remunerados.

Estos inconvenientes, algunos de ellos insalvables, suelen conducir al desabastecimiento. Para paliar este fenómeno, el gobierno recurre al racionamiento y, generalmente, suministra unas cartillas en las que se precisa la cantidad que puede adquirir cada persona.

Con el objeto de evitar la especulación con los bienes no controlados por el gobierno, los comisarios fijan los precios de estos productos, pero como, invariablemente, los bienes son más escasos que la demanda, surge un mercado negro en el que las mercancías alcanzan valores muy superiores.

Existen, además, otros peligrosos daños colaterales. El primero de ellos es la supresión de la competencia. En casi todos los ámbitos de la producción se crean monopolios. Los planificadores creen que no tiene sentido tener 100 fábricas distintas de zapatos o camisas. No advierten que sin competencia apenas existen las innovaciones, ni mejoran gradualmente la calidad y el precio de los productos y servicios. Por eso en la República Democrática Alemana —que ni era república ni era democrática— fabricaban el Trabant, un pequeño y deleznable automóvil, mientras en la otra Alemania se construían los Mercedes, los Audis y los Volkswagen.

En 1944, poco antes de terminar la Segunda Guerra Mundial, Friedrich Hayek, exiliado en Londres, quien recibiría el Premio Nobel de Economía dos décadas más tarde, en su libro *Camino de servidumbre* advirtió algo que debe tomarse en cuenta: en el propósito de planificar la economía y decirles a los individuos qué deben producir y consumir está el germen de la tiranía. El comisario económico acaba por actuar en todo el ámbito de la convivencia. No le faltaba razón.

17

El populismo tampoco, presidente

El populismo, Presidente, tampoco es una buena opción. Seguramente lo tentarán con ella. No le discuto que pueda servir para ganar elecciones, porque los electores con frecuencia se dejan engañar por los encantadores de serpientes, pero es un camino corto hacia la debacle económica y la crisis social. Eso, claro, hay que explicarlo comenzando por definir qué es el populismo.

Como es notorio, las palabras cambian de significado con el tiempo. Es algo consustancial al lenguaje. Le ha ocurrido al vocablo *populista* o *neopopulista*, como antes sucedió con *neoliberal*.

Hace varias décadas, por ejemplo, la palabra *neoliberal* sólo significaba una puesta al día del viejo liberalismo decimonónico, fundamentalmente laicista y anticlerical, entreverándolo con nuevas hipótesis económicas y sociales. Era la manera moderna de asumir las antiguas ideas de la libertad.

No obstante, a finales de la década de los años noventa del siglo xx ese significado fue cobrando una connotación peyorativa de la que se servían los adversarios en los debates políticos:

—Usted es un *neoliberal* —acusaba alguien de la izquierda al candidato al que deseaba desprestigiar suponiéndole un corazón desprovisto del menor vestigio de conciencia social.

—Más *neoliberal* será usted —respondía airado el ofendido.

Algo similar le ha ocurrido al vocablo *populista*. En sus orígenes, esa palabra quería decir algo favorable al pueblo, generalmente desligado de la política convencional. Los funcionarios que respondían a las expectativas de la gente y se hacían querer por las masas eran *populistas*.

Hoy no es así. Cuando se acusa a un gobierno de ser populista se le está imputando un tipo de comportamiento censurable que a mediano o largo plazo suele empobrecer a la sociedad. Es una etiqueta-resumen.

Pero ¿a qué nos referimos cuando calificamos de populista a un político o a un gobierno? ¿Cómo es posible calificar a Donald Trump, a la derecha del espectro político, a Bernie Sanders a la izquierda y a Nicolás Maduro, un hombre seducido por el comunismo cubano, de ser populistas y colocarlos en el mismo saco?

Muy sencillo: procediendo como se hace en medicina cuando calificamos de "síndrome" a tal o cuales síntomas. No sabemos exactamente qué causa la enfermedad, pero el médico conoce, en líneas generales, cómo se comporta. Cuando están presentes uno o varios de esos síntomas, declara la existencia del mal en el paciente y procede a tratarlo convenientemente.

¿Cuáles son los síntomas del síndrome *populista* o *neopopulista*? Hemos identificado 15, Presidente. Basta con que estén presentes varios de ellos para proceder a diagnosticar como "populista" a cualquier persona o gobierno que los exhiba. Hay que adelantar, por supuesto, que esos síntomas son *pluriformes* y no muestran la misma virulencia en todos los casos.

Pluriformes, también, porque no surgen de una misma referencia teórica, como pudo ser el marxismo, sino de cierto tipo de comportamientos que se expresan en cualquier político o movimiento. Por eso se puede calificar como populistas a ciertos ultraconservadores y a ciertos ultraizquierdistas. Dios los crea y el populismo los junta.

Anotemos esos 15 rasgos:

1. *Demagogia.* Dicen o prometen cualquier cosa. Un millón de casas, cinco millones de puestos de trabajo, reducir la jornada laboral y duplicar los salarios simultáneamente. Da igual. No les importa mentir.

2. *Proteccionismo.* Culpan de nuestros males a la competencia extranjera porque paga salarios más bajos. Proponen proteger la producción nacional mediante impuestos. Detestan el

comercio internacional y nunca tienen en cuenta la perspectiva o la preferencia de los consumidores.

3. *Intervencionismo.* Intervienen en los procesos productivos e interrumpen el libre juego de oferta y demanda dando instrucciones sobre qué producir, cómo y a qué precio. Padecen la "fatal arrogancia" que Friedrich Hayek les atribuía a quienes creían saber más que el mercado.

4. *Burocracia.* Suelen aumentar fatalmente la nómina de los empleados públicos. Eso tiene un triple efecto pernicioso: primero, aumenta el costo fijo del sostenimiento del Estado; segundo, complica y ralentiza la creación de bienes y servicios; tercero, genera formas de corrupción para poder solucionar los problemas artificialmente creados por una burocracia en busca de coimas y otros beneficios ilegales.

5. *Clientelismo.* Generan una serie de subsidios o privilegios dirigidos a crear una legión de estómagos agradecidos de los que esperan una perruna conducta electoral. Parte de esa clientela son los empleados públicos innecesariamente nombrados.

6. *Gasto público excesivo.* Gastan desproporcionadas cantidades de dinero. Lo hacen mediante la impresión inorgánica de papel moneda; la creación de deuda, casi siempre internacional, o aumentando los impuestos y tributos, factor este último que suele desembocar en la debilidad creciente del aparato productivo.

7. *Inflacionismo.* Ese gasto público gigante suele transformarse en inflación. Las cosas y los servicios cada vez valen más, lo que significa mayores carencias para la población.

8. *Devaluación.* El gasto público excesivo, la deuda pública incontrolable y la creciente incapacidad para competir provoca frecuentes devaluaciones. El gobierno ajusta la economía mediante la pérdida de valor de la moneda propia ante las divisas extranjeras. Eso empobrece al conjunto de la población y frena el consumo.

9. *Corrupción.* Entre las medidas más frecuentes de los gobiernos populistas están los cambios preferenciales de moneda, la

selección de sectores privilegiados a los que se les asignan subsidios, las licitaciones amañadas y los bancos sectoriales que prestan dinero público a empresarios elegidos. Todas estas irregularidades son oportunidades para generar negocios turbios capaces de enriquecer a los políticos y funcionarios deshonestos en contubernio con los empresarios del mismo tipo.

10. *Violación descarada de las reglas de la democracia para perpetuarse en el poder.* Cambian una y otra vez las Constituciones para adaptarlas a sus ambiciones de mando.

11. *Contubernio entre las empresas y los políticos corruptos.* Los gobiernos populistas son el marco perfecto para el "capitalismo de amiguetes" o *crony capitalism*. Los políticos corruptos enriquecen a los empresarios cortesanos y éstos, a su vez, les devuelven los favores a estos políticos corruptos. Se completa el círculo vicioso.

12. *Altos impuestos.* Para financiar el gasto público desbocado, la corrupción rampante y el resto del dispendio, además de la impresión desordenada de moneda y del endeudamiento, con frecuencia los gobiernos populistas aumentan los impuestos directos e indirectos asfixiando el aparato productivo.

13. *Debilitamiento del sistema judicial.* Colocan el Poder Judicial al servicio del Ejecutivo. Los fiscales y jueces no responden a leyes abstractas y neutrales, sino a las órdenes del presidente populista.

14. *Nacionalismo exacerbado.* El relato oficial se vuelve peligrosamente nacionalista. Hay un componente demagógico en todo esto. Secuestran a los personajes de la historia (Bolívar, Martí, Duarte, Morazán) y los colocan al servicio del régimen populista. Cualquier crítica hecha por un extranjero se convierte en una ofensa a la patria.

15. *Antiamericanismo.* Los populistas necesitan un enemigo externo. En el pasado fueron los franceses o los británicos. Hoy son los estadounidenses. Carlos Rodríguez Braun, un notable economista hispano-argentino, suele decir que el mejor amigo de los latinoamericanos no es el perro, sino el chivo

expiatorio. Una criatura a la que los populistas suelen culpar de todos los males de este mundo.

Lo grave del populismo, Presidente, es que se trata de un mensaje atractivo para muchos estamentos de la sociedad. Le diré más: la historia de las relaciones políticas de la humanidad, desde que ésta se hizo sedentaria a partir del desarrollo de la agricultura, estuvo teñida por diversos grados de populismo.

Como señala Douglass North, Premio Nobel de Economía, desde sus inicios, hace algo más de 10000 años, hasta finales del siglo XVIII, las relaciones de poder en la cúpula dirigente estuvieron montadas en un contubernio tácito entre el jefe o reyezuelo y militares y sacerdotes para distribuirse las rentas.

Es a partir de la revolución norteamericana cuando, sin proponérselo, comienza a surgir una nueva receta para la gobernación, basada en la meritocracia, el mercado y la democracia, algo que acelera el desarrollo y es imitado por una serie de naciones que en los siglos XIX y XX conforman el Primer Mundo.

¿Cómo se puede evitar el populismo? Tal vez mediante una combinación entre una buena pedagogía y candados constitucionales para impedir que el tesoro público quede al alcance de los "buscadores de rentas", como proponía otro Premio Nobel, James Buchanan.

En todo caso, Presidente, ya usted sabe que el populismo es el camino de la perdición. No lo transite nunca.

18

Gobernar en tiempos de crisis

Presidente, la única certeza que le puede caber a un político es que, en algún momento, cometerá errores, o los cometerán sus subordinados, pero la sociedad percibirá que usted es el responsable de esos desaguisados. En consecuencia, usted sufrirá una crisis de opinión pública. Eso es inevitable y, por tanto, debe constituir un pequeño "gabinete de crisis", acaso orientado por su director de comunicaciones. Debe hacerlo de antemano.

¿Qué es una "crisis de opinión pública"? Es cuando algún suceso negativo, real o imaginario, se convierte en un tema central de debate en cualquier sociedad: lo que llamamos *trending topic* y asociamos con Twitter o Facebook, por aquello de las redes sociales, pero pueden desatarse en la radio, la televisión y la prensa escrita por igual.

Estas crisis pueden ocurrirles a las empresas, pero sólo esporádicamente. Lo frecuente es que sucedan en el ámbito público, con un agravante: mientras más acciones o reformas lleva a cabo cualquier gobierno, más expuesto se ve a que estallen las crisis, unas veces surgidas espontáneamente y otras inducidas por grupos políticos contrarios.

Cuando esas crisis surgen, lo mejor es afrontarlas. Darles la cara, pero con la ayuda de un profesional que sepa manejar estas situaciones para explicar lo que ha sucedido, declararse inocente en caso de que la atribución sea injusta, reducir los daños si hay una responsabilidad real y llegar a superar el conflicto, aunque la culpabilidad sea absoluta.

Tras el notable fiasco de Bahía de Cochinos —el envío a Cuba en 1961 de una invasión de 1 500 cubanos exiliados que fueron abandonados a su suerte y muertos o apresados en 48 horas al quedarse sin municiones—, el presidente Kennedy asumió toda la responsabilidad y dijo, en un tono melancólico, una frase que le ganó la simpatía de una buena parte de la sociedad estadounidense: "Las victorias tienen cien padres, pero las derrotas son huérfanas".

A continuación, cargó con toda la culpa, lo que generalmente se interpretó como un gesto de madurez e hidalguía, porque todos hemos cometido errores alguna vez. Lo vital es reconocerlos y prometer enmendarlos de forma creíble. Seguramente estuvo bien asesorado. Pudo aminorar las consecuencias políticas del desastre.

Uno de los mejores expertos en manejo de crisis que conozco es el guatemalteco Julio Ligorría, fundador de Interimage Latinoamericana, ex embajador de su país en Washington y autor de varios libros y ensayos sobre diseño de estrategias de comunicación. Lo primero que recomienda a sus clientes (empresas y gobiernos) es que entiendan exactamente el calado de la crisis que enfrentan. Aquí no vale esconder la cabeza en la arena ni es conveniente sobredimensionar el problema. ¿Cómo lo hace? Analizando cuatro factores:

- Dónde se está difundiendo. Cuál es la audiencia real. A veces se trata de un rumor esparcido en un medio insignificante que es preferible ignorar.
- Si ése no es el caso, hay que evaluar el origen de la información. No es lo mismo que la difunda una persona prestigiosa, que alguien con mala reputación.
- Es importante saber a cuántas personas afecta. Si se trata de una información sobre la mala gestión del agua, la electricidad o las comunicaciones, no hay duda de que *toca* prácticamente al conjunto de la sociedad. Si es algo relacionado con la filatelia o el teatro, el grupo de damnificados es muy reducido. La respuesta oficial debe estar en consonancia con el tamaño real de la crisis.
- Hay que identificar y diferenciar la causa aparente y la real. Precisar si la crisis es debida a acciones de adversarios, promesas de campaña incumplidas, errores de gestión, etcétera.

Una vez despejadas estas incógnitas, por medio de una combinación de sentido común y mediciones con la ayuda de *focus groups*, el gabinete de crisis precisa saber qué puede acelerar la crisis, qué la aminorará y qué la derrotará con una campaña veraz organizada en torno a las cinco *W* del periodismo clásico, más otro dato clave: *what, who, where, when, why* y *how*. Es decir: qué, quién, dónde, cuándo, por qué y cómo, que se utiliza como técnica elemental para recoger información periodística.

De esa información se desprende una serie de conclusiones con las cuales el equipo de crisis formula rápidamente la ruta que explica, minimiza o desmantela el evento. La velocidad de respuesta debe ser intensa, casi inmediata, pero bien ponderada. Los protocolos de actuación son más o menos similares para instituciones, corporaciones o personas en sus distintos roles, gerentes, políticos y autoridades de distinto tipo. Todas las crisis son diferentes, pero el modo de abordarlas suele ser similar.

LA COMUNICACIÓN DE GOBIERNO: LA AGENDA SIEMPRE OLVIDADA

Al margen de las crisis, todo gobierno democrático decidido a prevalecer y a mantener la autoridad y la capacidad de acción debe contar con una buena imagen. Por diversas razones, y las psicológicas son esenciales, la pérdida de esa buena imagen suele traducirse en inmovilismo.

Dice el experto Ligorría:

> Si gobernar es el ejercicio del poder de un individuo o un grupo de individuos sobre la colectividad, ese proceso de gestión supone el apoyo de los gobernados; cuando menos, asume que éstos no se opondrán o, a lo sumo, lo harán racionalmente. Para lograrlo se puede recurrir a la razón o a la fuerza, dos rutas antagónicas que se separan claramente en el universo de la democracia y el totalitarismo.
>
> De allí que la comunicación como apoyo al arte de gobernar tenga un carácter estratégico, porque debe conceptualizarse como una

herramienta que apoya y facilita la búsqueda del respaldo y el respeto popular para el ejercicio del poder delegado por el pueblo.

No se vale manipular a la opinión pública. Incluso, además de censurable, es inútil tratar de engañar a la sociedad. El viejo *dictum* atribuido a Abraham Lincoln mantiene toda su vigencia: "Se puede engañar a algunos todo el tiempo, y a todos algún tiempo; pero no se puede engañar a todos todo el tiempo". Esta máxima se confirma en las sociedades totalitarias en las que la coincidencia con el discurso oficial no demuestra el convencimiento del pueblo sino la hipocresía.

Dice Ligorría:

Varios otros principios vienen a colación cuando nos referimos al arte de gobernar y comunicarse. Vale señalar que la mejor forma de gobernar es informando correcta y honestamente las decisiones. Los balances entre lo necesario, lo correcto, lo viable y lo que se puede hacer con los recursos existentes es uno de los juegos clave para acondicionar al público receptor de las acciones de gobierno.

Y es aquí donde debemos considerar una premisa elemental en esto de comunicarse desde el gobierno: la percepción de lo que el gobierno es, representa y plantea no se puede dejar a la espontaneidad. Es inaceptable dejar en manos del destino o, peor aún, de los críticos, la interpretación que el pueblo da a la acción y resultado de gobernar; indiscutiblemente, este precepto crece exponencialmente cuando los gobernantes enfrentan una crisis.

Lo contrario a lo espontáneo es la planificación, esa preparación anticipada de lo que ocurrirá. En comunicación desde el gobierno se debe tener en cuenta que es indispensable planificar, anticipar y exponer nuestra verdad e intención antes que alguien más se presente y dibuje ante el imaginario colectivo una percepción de lo que, según ellos y sus intereses, los gobernantes pretenden hacer.

Cuando se descuida la imagen y las percepciones y se deja que éstas se desarrollen espontáneamente o que su formación dependa de elementos ajenos o antagónicos a los interesados, el proceso de comunicación se complica porque deja abiertas las posibilidades de que elementos de distorsión se incorporen irrestrictamente.

Es un inmenso error dejarles la cancha a los adversarios. La vieja frase española: "El buen paño hasta en el arca se vende" no es cierta. Las buenas políticas públicas, como el buen paño, hay que defenderlas y saber venderlas, porque no hay una sola medida de gobierno que complazca al conjunto de la sociedad. Siempre el buen hospital que se edificó se hizo a expensas de la escuela o el aeropuerto que no se construyeron. Lo que favorece a los exportadores no siempre tiene el mismo efecto entre los importadores, y así sucesivamente.

Continúa Ligorría:

> Y es en este entorno donde los gobiernos se juegan uno de sus principales capitales: la credibilidad. Cuando los críticos del gobierno asumen la iniciativa y planifican la comunicación de tal manera que establecen los preceptos que la colectividad percibirá en su pensamiento inmediato y automático —su *top of mind*—, la confianza de la masa social entra en conflicto porque lo que el gobernante diga no coincidirá con la realidad que ya se ha establecido como auténtica y real. Entrará en juego la duda, la desconfianza, el cuestionamiento y la resistencia sistemática, que complican el trabajo de los gobernantes.
>
> La gran batalla de la comunicación desde el gobierno se concentra en la permanente transformación del capital electoral —los votos que le pusieron en el poder— en capital político —o sea, el respaldo de los gobernados a las medidas que dispongan los gobernantes—. Esta mutación obedece al factor de confianza y respaldo que las masas den a los depositarios del poder, partiendo de la idea de que las disposiciones que los unos propongan beneficiarán a los otros.

¿Cómo se logra comunicar adecuadamente? Afirma Ligorría:

> El proceso de comunicarse desde el gobierno atiende a dos criterios básicos en el mundo de hoy para relacionarse e interactuar con la sociedad contemporánea en busca de ejercer el poder con el mínimo desgaste. Requiere esto del claro entendimiento de los medios masivos y sus públicos —para radio, prensa y televisión, donde se integran factores como los públicos a los que éstos acceden, las diferencias entre la función de la información y la opinión— y debe contemplar inevita-

blemente el complejo universo de las redes sociales —las redes sociales abiertas en el ciberespacio y que interconectan a sus usuarios son la ruta más expedita para la catástrofe si no se administran con prudencia, inteligencia y segmentando con gran precisión las audiencias.

Por sus características, los medios masivos tradicionales permiten una comunicación básicamente unidireccional, en la cual el gobierno como fuente emisora de los mensajes propone y argumenta sin tener una idea muy precisa de cómo su mensaje es percibido por la colectividad. En contraste, la comunicación en redes sociales abre los espacios para que cualquier persona informe, opine y reaccione inmediatamente ante lo que el gobierno haga, con el componente adicional de que, por su característica de interacción con otros individuos, pueda integrar colectividades y, con ello, tendencias.

19

La reelección en América Latina

Bien, Presidente, ya pasó por la casa de gobierno y tiene deseos de volver a ocuparla. Sueña con ser reelecto. Le advierto que tal vez no sea una buena idea. En general, suele ser cierto aquello de que "nunca segundas partes fueron buenas". ¿Por cuánto tiempo, en definitiva, se debe gobernar? Éste es un debate que afecta a toda América. Establezcamos, primero, unas consideraciones generales.

La primera es que siempre se gobierna a *media res*, en medio de las cosas. Es decir, a mitad de un camino que no termina nunca. Se asume el poder con unos problemas y se entrega con otros diferentes, como el capitán que se hace cargo de un buque en medio del mar, superando algunas tormentas, pero sabe que entregará el mando antes de llegar a tierra firme porque no existe ese destino. No hay tierra firme.

De ahí que sea una ingenua ilusión pensar que se puede culminar una obra de gobierno. Se puede hacer una buena obra de gobierno, pero nunca culminarla. Siempre se llevan a cabo planes parciales, pero gobernar no es comenzar una casa desde los cimientos y terminarla con el techo. Siempre es algo a medio hacer que otro debe continuar responsablemente.

La segunda es que existen personas prominentes que pueden ser positivas, pero en modo alguno son indispensables. En España existe un *dictum* triste y melancólico, mas totalmente real: "El cementerio está lleno de personas indispensables". La idea de que un líder es insustituible es ridícula. Usted, Presidente, será sustituido por otro gobernante que lo hará mejor o peor. Eso se verá.

La tercera es que, en efecto, en los sistemas parlamentarios, en los que al jefe de gobierno lo elige la mayoría de los legisladores, esa persona mantendrá la autoridad mientras le vote la mayor parte de los parlamentarios. En España, Felipe González gobernó 14 años consecutivos mediante tres elecciones sucesivas.

Sin embargo, tal vez sea un error. Y, aunque algunos tratadistas prescriban el parlamentarismo como forma de gobierno, o se escuden en esa modalidad para justificar la reelección, en América Latina se impuso el presidencialismo y es ante esta modalidad que debemos examinar el tema de la reelección. Lo otro es una especulación "contrafáctica", palabra que todavía espera su turno para entrar en el Diccionario de la Real Academia Española (RAE).

La cuarta es que, evidentemente, existen ventajas e inconvenientes en tener políticos profesionales que se encarguen de la gerencia del sector público.

Veamos desapasionadamente unas y otras. Primero, expongamos cinco ventajas de la reelección:

1. La experiencia es conveniente. El gobernante reelecto sabe cómo se moviliza el aparato burocrático. No requiere un periodo de aprendizaje.
2. La reelección parece ser la democrática elección de las mayorías. ¿No es ésa una expresión de la soberanía popular? Si un primer ministro europeo puede gobernar mientras tenga la mayoría del Parlamento, ¿por qué un presidente latinoamericano no debe regirse por el mismo razonamiento? ¿Es menos democrática Inglaterra, donde la reelección es indefinida, o México, donde no existe?
3. La reelección le confiere continuidad a la obra de gobierno. El gobernante tiene más tiempo para desarrollar su tarea.
4. La posibilidad de reelección lo obliga a comportarse adecuadamente para volver a tener el favor de los electores.
5. De la misma forma que es conveniente la reelección, en algunas legislaciones también deja abierta la puerta hacia el recorte del mandato mediante un referéndum revocatorio si el gobernante pierde el respaldo mayoritario.

Seguramente hay otros beneficios, pero ésos son los primeros que suelen esgrimirse. Veamos ahora las ventajas más notables de la no reelección. Anotemos seis, aunque pudiera haber otras:

1. Una de las principales funciones de la política republicana es facilitar la movilidad de quienes aspiran a relevar a los dirigentes. Donde existe la posibilidad de reelección suelen constituirse grupos de poder que les cierran el paso a otros candidatos. Mientras más fácil y transparente sea el proceso de renovación y circulación de las élites, más conveniente será para todos. Es verdad que la reelección puede ser interpretada como una expresión de la soberanía popular, pero es perfectamente legítimo limitar constitucionalmente esa posibilidad. A fin de cuentas, el constitucionalismo existe para ponerles barreras a los poderes públicos de manera que se protejan los intereses individuales.

2. Es verdad que la experiencia ayuda, pero sólo si es positiva. La experiencia negativa también tiende a reiterarse. Desgraciadamente, no está muy claro que aprendemos de nuestros errores. Existe lo que los psicólogos llaman el *Einstellung Effect*. Este fenómeno, comprobado desde hace más de 70 años, describe la tendencia de las personas a repetir los comportamientos, aun cuando no sean los mejores, sencillamente porque el cerebro se acostumbró y nos acostumbró a hacer las cosas de determinada manera, incluso cuando están mal. Eso quizá explica la sorprendente tenacidad en los errores y horrores cometidos en los gobiernos de larga data durante lo que se llamó el "socialismo real". ¿Por qué insistían en conductas disparatadas? Por algo que hemos escuchados muchas veces: "Porque siempre se ha hecho así".

3. Hay quienes pretenden conseguir la reelección indefinida cambiando el sistema presidencialista por el parlamentario, pero en América Latina los parlamentos suelen ser la institución con menor crédito de cuantas existen en el sector público. Tienen menos prestigio, incluso, que el Poder Ejecutivo.

4. En nuestro continente, parece existir una relación inversamente proporcional entre la presidencia y las instituciones: a mayor peso de la presidencia, menor de las instituciones. Lo que necesitamos desesperadamente son instituciones fuertes, no hombres fuertes. Las repúblicas son y deben ser gobiernos de instituciones y leyes, donde las personas que administran el Estado posean una importancia relativa. El objetivo no escrito, pero inherente a esta forma de gobierno, es que los políticos y funcionarios tengan un poder muy limitado. Aunque Suiza se gobierna por un sistema parlamentario, es el caso más notorio de la búsqueda deliberada de la insignificancia del Poder Ejecutivo. ¿Quién sabe en estos tiempos, cuando escribo estos papeles, que el presidente del Consejo Federal suizo es Johann Schneider-Ammann, un diputado liberal?

5. La corrupción tal vez arraiga más fácilmente donde los jefes de Estado se reeligen. Los poderes económicos, o los sectores sociales con más cohesión, que suelen tener más acceso al poder político, profundizan más las relaciones y crean mecanismos injustos de transferencia de recursos. La rosca se refuerza a sí misma: el poder económico subsidia al poder político, que, a su vez, subsidia al poder económico. Todo esto se paga con dinero público. El perjudicado es el pueblo. A esto se agrega una verdad observable: casi siempre los presidentes tienden a anquilosarse tras un periodo largo de gobierno. Se quedan sin ideas y comienzan a gobernar por inercia.

6. La no reelección es un acicate para asegurar que el gobernante se esfuerce en dos direcciones muy convenientes para la sociedad que lo eligió: primero, no perder tiempo y ejecutar cuanto antes sus planes de gobierno. Segundo, es muy importante que su retaguardia política, donde probablemente esté su sucesor, sea capaz de continuar la obra de gobierno. Más que un plan de gobierno, hay que seguir un "plan-país", y una de sus funciones es colocar los intereses de su partido por delante de los suyos.

¿CUÁNTO DEBE DURAR EL PERIODO PRESIDENCIAL?

Bien, y si no hay reelección, ¿por cuánto tiempo se debe gobernar, Presidente? A mi juicio, la fórmula mexicana de un solo periodo de seis años es la menos mala. México no es un ejemplo de eficiencia y probidad, pero hubiera sido infinitamente peor si los políticos hubieran podido maniobrar para permanecer en el poder. La consigna de Francisco I. Madero en 1910, "Sufragio efectivo, no reelección", que dio paso a la Revolución mexicana, estabilizó al país.

Por otra parte, cuatro años me parece un periodo muy limitado y tampoco me inclino por el mecanismo estadounidense de dos gobiernos con una reelección inmediata. Esto obliga a los presidentes de Estados Unidos a gobernar pensando en la reelección. Lo mejor es que sirvan una vez y se aparten. Incluso, generalmente, aunque no siempre, los primeros gobiernos son los mejores. Los sucesivos suelen fallar.

Dicho esto, no hay que olvidar que el buen o mal gobierno no sólo depende de las reglas e instituciones vigentes. Hay ciertos valores que prevalecen en la sociedad. Los ingleses y los israelíes, como ya he señalado en otro capítulo de este libro, no tienen constituciones como tales, pero son sociedades democráticas en las que prevalece el Estado de derecho. Los graves problemas de gobernabilidad no suelen deberse a las formas, sino a la sustancia ética de las sociedades.

No creo que las naciones escandinavas, famosas por la honradez en el servicio público, actúen de esa manera sólo por miedo a los castigos. Hay un elemento en la formación moral de esa sociedad que contribuye a ese comportamiento. Hay una censura general a la corrupción que se convierte en un gran disuasivo. La presión social colectiva en dirección de la honestidad y el *fair play* son enormes. En nuestros países, lamentablemente, prevalece la indiferencia o la complicidad. No hay frase más triste que la de quienes afirman que "de estar en el poder, harían lo mismo porque no son idiotas".

Finalmente, Presidente, quiero recordarle un momento glorioso de la historia política latinoamericana, y una frase de Simón Bolívar.

Fue en 1819 en Angostura, una ciudad venezolana que hoy, justamente, lleva el nombre de El Libertador. Los patriotas luchaban bravamente contra España y avizoraban el triunfo a corto plazo. Necesitaban regirse por una Constitución. Para eso habían sido convocados. Fue en esa ocasión que Bolívar afirmó lo siguiente: "Nada es tan peligroso como dejar permanecer largo tiempo a un mismo ciudadano en el poder. El pueblo se acostumbra a obedecer y él a mandarlo, de donde se originan la usurpación y la tiranía". Tenía razón.

20

Cómo elegir a un buen presidente

Por último, Presidente, hace algún tiempo la Fundación Libertad Panamá me convocó a la Biblioteca Nacional a que reflexionara en voz alta sobre este espinoso asunto: "¿Cómo se elige a un buen presidente?"

Mis recomendaciones, por otra parte, no podían ser partidistas sino generales. Mi misión consistía en proponer un método universal y sencillo para que el elector construyera el retrato robot del mejor gobernante posible y libremente le otorgara su voto. Un método que les sirviera a los panameños o a cualquier ciudadano de un Estado democrático convocado a las urnas.

Me pareció un reto interesante y acepté. Escribí un largo texto razonado y le agregué al final la lista de las 20 categorías que es conveniente examinar cuando se evalúa a los candidatos. Hay en ella elementos morales y prácticos más o menos cuantificables.

¿Cómo se utiliza? Se le asigna a cada candidato una puntuación entre 0 y 5 por cada una de las 20 categorías. Cero es el peor resultado y cinco, el mejor. Finalmente, se suman las puntuaciones obtenidas por cada candidato. El candidato perfecto —que probablemente no existe— obtendría 100 puntos. El peor que se puede concebir, cero. Quizá, supongo, haya algunos que lo merezcan.

No es seguro que por ese procedimiento el elector seleccionará al mejor candidato, pero sin duda alguna ha introducido cierto método en su forma de analizar y elegir a los servidores públicos.

Categorías:

1. Liderazgo y visión. Que inspire la admiración de las personas, especialmente de los jóvenes, y posea una visión o idea clara de los problemas principales que confronta la sociedad y cómo solucionarlos.
2. Habilidades de mánager. Que sepa planear una acción y ejecutarla.
3. Tolerancia. Que pueda vivir respetuosamente con aquello o aquellos que no le gustan.
4. Prudencia. Que no juegue con el destino de las personas y sepa elegir entre el bien y el mal —como definían los romanos la prudencia—, o, como suele ocurrir, elegir la mejor opción de entre varias buenas o la menos mala cuando todas son desventajosas.
5. Compasión. Que sienta el impulso de ayudar al desvalido por solidaridad humana, sin esperar nada a cambio.
6. Templanza. Que sepa medir los riesgos y rechazar las acciones innecesariamente peligrosas.
7. Firmeza. Que sea capaz de negarse ante la petición ilegal o indecorosa que le propongan los poderosos, los influyentes o sus propios partidarios.
8. Cordialidad cívica. Que cultive un trato respetuoso con el adversario político sin descender jamás al insulto o a la descalificación personal.
9. Honradez. Que rechace tajantemente la corrupción, venga de donde venga, y sea capaz de perseguirla con todo el peso de la ley, especialmente entre los miembros de su propio grupo o gobierno.
10. Integridad. Que demuestre coherencia entre lo que cree, lo que dice y lo que hace. Que se comporte en el ámbito privado de manera afín a como predica que debe ser el comportamiento en público.
11. Sentido común. Que sea capaz de buscar soluciones prácticas y sencillas a los problemas que inevitablemente surjan.
12. Autoridad. Que inspire en sus subordinados una mezcla de respeto y admiración que se transforme en acatamiento voluntario de sus órdenes o sugerencias.

13. Humildad. Que sea capaz de decir "no sé" cuando no sabe, o "me equivoqué" cuando yerra. Que no vacile en pedir perdón cuando actúe incorrectamente. Que reconozca el talento de amigos y adversarios y que no tome demasiado en serio los halagos de los manipuladores.

14. Seguridad en sí mismo. Que posea una fuerte personalidad que, una vez sopesadas las opciones, le permita tomar decisiones importantes sin vacilación.

15. Solidez profesional y formación cultural. Que cuente con un bagaje cultural y profesional suficiente para entender las múltiples labores de gobierno y sea capaz de examinar los problemas del país junto a los especialistas.

16. Experiencia. Que a lo largo de su vida pública o privada haya demostrado talento para llevar a cabo tareas exitosas, aunque en algún momento haya fracasado en ciertos empeños.

17. Capacidad de comunicación. Que logre "conectar" con la sociedad y pueda transmitir de manera persuasiva y racional qué está haciendo, por qué lo está haciendo y cuáles son las consecuencias.

18. Calidad, claridad y seriedad del plan de gobierno propuesto. Que haya formulado un proyecto de gobierno en el que las prioridades de la sociedad estén claras y hayan sido razonadas, y en el que se expliquen la viabilidad, los costos y el tiempo de realización.

19. Calidad de los colaboradores. Que haya sabido rodearse de un equipo de valiosos colaboradores capaces de llevar adelante la obra de gobierno.

20. Capacidad para trabajar en equipo. Que entienda que la labor de un gobernante no es controlar los detalles ni supervisar minuciosamente a un ejército de burócratas, sino inspirarlos, conceder a los funcionarios responsables cierta confianza y autonomía y, finalmente, saber examinar los resultados generales de manera satisfactoria.

IV

Bio-Bibliografía

21

Los pensadores y sus obras

Hay ciertos pensadores y autores, Presidente, que cualquier político que tome en serio su oficio debe manejar con cierta soltura. He elegido 26. Pudieran ser 100. Faltan, por ejemplo, pensadores latinoamericanos de la talla de Juan Bautista Alberdi o Carlos Rangel. En todo caso, le toca a usted profundizar en los temas. Esto es sólo un abreboca.

PLATÓN. Nació en Atenas, más o menos en el 427 a.C., y murió 80 años más tarde. Fue discípulo de Sócrates. Creó la Academia, una institución educativa. Escribió endiabladamente bien. Tal vez su obra da inicio a la filosofía occidental. Todo político debe estar familiarizado con las ideas vertidas en *La República*, aunque sea para refutarlas. Defendió la idea de que el poder debía descender de una cúpula ilustrada a la masa de ciudadanos.

ARISTÓTELES. Nació en Estagira, una ciudad de Macedonia, territorio de cultura griega, en el 384 a.C., y murió en el 322 a.C. Es decir, vivió 62 años inmensamente prolíficos en los que abordó prácticamente todas las disciplinas entonces conocidas. Muy joven, marchó a Atenas a estudiar con Platón. En su momento, fue preceptor del adolescente Alejandro Magno. *Política* es el libro imprescindible de este pensador griego. Sostenía, al contrario de Platón, que la autoridad debía ascender del conjunto de los ciudadanos libres a la cúpula dirigente. Ahí estaba la semilla de la democracia moderna.

NICOLÁS MAQUIAVELO (Florencia, 1469 - 1527). Vivió en pleno Renacimiento. Fue diplomático y escribió, fundamentalmente, sobre asuntos históricos. Fue también dramaturgo. *El príncipe* es su obra más conocida. Más de cinco siglos después de haber sido redactada continúa siendo citada, a veces por las malas razones. De alguna forma, *El presidente*, este libro que tiene entre sus manos, intenta poner al día las normas por las que debe regirse la autoridad en la época de la democracia liberal, tan distinta al mundillo feroz y belicoso que le tocó vivir a Maquiavelo.

THOMAS HOBBES (Inglaterra, 1588 - 1679). Vivió 91 años. Una larguísima vida entonces y ahora. Escribió *El Leviatán*, un libro esencial, redactado en medio de la guerra civil inglesa, en el que establece la necesidad de que la sociedad ceda toda la autoridad a un poder central capaz de restablecer la convivencia. Ahí estaba la semilla del *contrato social*: una cesión de la soberanía a cambio del orden.

JOHN LOCKE (Inglaterra, 1632 - 1704). Se le considera el padre del liberalismo. Fue médico, teólogo y profesor de griego. Estuvo exiliado. Su libro *Dos ensayos sobre el gobierno civil* influyó directamente en la revolución americana. Le atribuía al gobierno tres tareas esenciales: proteger la vida, la libertad y la propiedad. Postuló, además, la necesidad de dividir la autoridad en Poderes independientes para proteger las libertades individuales.

MONTESQUIEU (Francia, 1689 - 1755). Fue un abogado francés, gran lector de los ilustrados ingleses. Se llamaba, en realidad, Charles Louis de Secondat, barón de Montesquieu. Quedó seducido por las ideas de Locke y las defendió en un libro que continúa editándose y leyéndose: *El espíritu de las leyes*, en el que hace suya la idea de que el Estado debe fragmentar la autoridad en tres Poderes que se equilibren: el Ejecutivo, el Legislativo y el Judicial.

JEAN-JACQUES ROUSSEAU (Suiza, 1712 - Francia,1778). Hombre clave de la Ilustración. Su *Contrato social* y su novela pedagógica *Emilio* fueron ampliamente leídas en su tiempo. Al negar la existencia de los derechos naturales le abrió la puerta a la democracia asamblearia. Si todo derecho era positivo, la mayoría podía hacer y deshacer a su antojo. Por eso lo aman los marxistas y otras criaturas parecidas.

DAVID HUME (Escocia, 1711 – Gran Bretaña, 1776). Fue diplomático, filósofo y, acaso, psicólogo, en una época en la que todavía no existía esa disciplina como algo diferenciado. Formó parte de lo que se conoce como la Ilustración escocesa. Su *Ensayos morales, políticos y literarios* es una obra clave para adentrarse en el pensamiento liberal.

IMMANUEL KANT (Prusia, 1724 – Alemania, 1804). Aunque fue, fundamentalmente, un filósofo —acaso el más influyente de los últimos siglos—, las reflexiones de Kant sobre la autoridad y, muy especialmente, su ensayo *Sobre la paz perpetua* deben tomarse en cuenta. No es una propuesta basada en la ética, sino en el derecho, y surge de la observación de que las naciones controladas por parlamentos no suelen recurrir a las armas.

ADAM SMITH (Escocia, 1723 – Gran Bretaña, 1790). Publicó en 1776 *La riqueza de las naciones*, el más famoso libro de economía jamás editado, y una defensa de la importancia del mercado y del libre comercio que conserva toda su vigencia. Sin embargo, se consideraba a sí mismo un filósofo moral, y su obra predilecta era la *Teoría de los sentimientos morales* (1759).

JEREMY BENTHAM (Inglaterra, 1748 – 1832). Filósofo, fundador del utilitarismo, educador y activista social. Defendió los derechos de las mujeres. Combatió la esclavitud y pidió *descriminalizar* el homosexualismo. Fue amigo de Francisco Miranda y se escribió con Simón Bolívar.

BENJAMIN CONSTANT (Suiza, 1767 – Francia, 1830). Fue pensador, político y activista en tiempos de la Revolución francesa y de la era napoleónica. Fue, también, un fogoso amante de mujeres famosas (Madame Staël, Madame Récamier). Fue de los primeros que se definió como liberal. Para él las libertades civiles eran fundamentales. Estableció la diferencia entre la democracia antigua de los griegos, fundada en una ciega mayoría aritmética, y la moderna, que tenía en cuenta los derechos naturales.

GEORG WILHELM FRIEDRICH HEGEL (Alemania, 1770 – 1831). Fue un prolífico filósofo y profesor de esa disciplina. Escribió mucho sobre el Estado. Su *Filosofía del derecho* y *Filosofía de la historia* son obras clásicas. Se admite que muchas de sus ideas están tras el posterior surgimiento del nacionalismo alemán. Sin embargo, por lo que es más citado en el mundo político es por su concepto de la dialéctica, luego recogido por Marx: la tesis siempre encontrará su antítesis, lo que generará la síntesis. Ésa es la mecánica del devenir histórico. Ésa es la entraña del progreso.

ALEXIS DE TOCQUEVILLE (Francia, 1805 - 1859). Diplomático y político liberal. Viajó a América en el primer tercio del siglo XIX y escribió una extensa obra titulada *La democracia en América*. Quedó rendido ante la densidad de la sociedad civil estadounidense, con sus múltiples instituciones espontáneamente surgidas de la colaboración entre hombres libres.

JOHN STUART MILL (Inglaterra, 1806 - 1873). Filósofo y catedrático universitario. Parlamentario, feminista, economista. Se acercó a la economía clásica de la mano de David Ricardo, amigo de su padre. Su libro *Sobre la libertad* (*On liberty*) es uno de los grandes alegatos liberales.

KARL MARX (Alemania, 1818 - 1883). Es el pensador político más influyente del mundo moderno. Su *Manifiesto comunista* de 1848 es uno de los textos más leídos y citados por partidarios y adversarios. *El capital*, su obra cumbre, encontró enseguida detractores que desmontaron su argumentación. Marx creyó haber hallado en la *plusvalía* la causa del enriquecimiento de la burguesía. Supuso que el gran motor de la historia era la lucha de clases, protagonista de un constante movimiento dialéctico. Sostuvo que si el establecimiento del colectivismo, donde el conjunto de la sociedad, dirigida por el proletariado, asumiera la posesión de los medios de producción, cambiaría el destino de la humanidad y la especie se dirigiría al comunismo, un mundo fantástico en el que no serían necesarias las leyes y los tribunales porque los seres humanos se comportarían ejemplarmente.

EUGEN VON BÖHM-BAWERK (Austria, 1851 - 1914). Uno de los fundadores de la Escuela Austriaca de Economía. Discípulo de Carl Menger. Refutó las principales tesis de Marx (*Karl Marx and the close of his system*). Los *austriacos* postulaban una manera diferente de entender los fenómenos económicos, todos productos de la acción humana. Reivindicaron sus antecedentes y orígenes en la llamada Escuela de Salamanca del siglo XVII.

CARL SCHMITT (Alemania, 1888 - 1985). Fue un jurista pronazi —pese a sus encontronazos con la ss— que le dio al Tercer Reich un cierto empaque intelectual, no obstante su grosero antisemitismo. Sus escritos abarcan, especialmente, asuntos internacionales relacionados con el derecho. La lectura de sus textos es útil para comprender el punto de vista fascista-franquista.

JOHN MAYNARD KEYNES (Inglaterra, 1883 - 1946). Fue el más importante economista del siglo XX. Comenzó como *monetarista* y nunca dejó de defender la importancia del mercado, pero se le recuerda, fundamentalmente, por su propuesta de utilizar el gasto público para combatir el desempleo y estabilizar la economía durante los ciclos recesivos. Aunque esta suposición haya sido desmentida por la realidad, los gobiernos socialdemócratas continúan acogiéndose a ella.

LUDWIG VON MISES (Austria, 1881 - 1973). Fue parte de la Escuela Austriaca de Economía. Su libro *La acción humana* es tal vez la mejor explicación de los fenómenos económicos y del rol del Estado en ellos de cuantos se han publicado. Cuando muchos intelectuales estaban deslumbrados con la experiencia bolchevique en la URSS, a principios de la década de 1920, Mises explicó, convincentemente, cómo la planificación centralizada conduciría al desastre por la manipulación de los precios.

FRIEDRICH AUGUST VON HAYEK (Austria, 1899 -1992). Fue discípulo de Mises en Viena. Ha escrito sobre constitucionalismo y sobre aspectos psicológicos del comportamiento de las personas en el terreno económico. Alcanzó el Premio Nobel de Economía en 1974. Desarrolló algunos conceptos clave de la economía moderna. Por ejemplo: el mercado como un "orden espontáneo" guiado por precios libremente fijados por la oferta y la demanda, contrario a la fascinación de los intelectuales con la planificación y las ideas socialistas, como la "fatal arrogancia" de quienes creen tener toda la información. Su libro *Camino de servidumbre* es uno de los pocos *best sellers* en economía.

Herbert Marcuse (Alemania, 1898 - Estados Unidos, 1979). Se formó en su Alemania natal, pero en 1932, ante la proximidad del nazismo (era de origen judío), se exilió en Estados Unidos. Fue parte de la Escuela de Frankfurt, un grupo de pensadores neomarxistas que revitalizaron el movimiento radical en Estados Unidos. Marcuse fue la cabeza principal de esa tendencia con sus libros *El hombre unidimensional* y *Eros y civilización*.

Hannah Arendt (Alemania, 1906 - Estados Unidos, 1975). Se formó en Alemania y, como tantos judíos perseguidos por el nazismo, se trasladó a Estados Unidos, donde desarrolló una espléndida labor en el terreno intelectual. Su libro *Los orígenes del totalitarismo*, publicado a mediados del siglo xx, continúa siendo un clásico.

John Rawls (Estados Unidos, 1921 - 2002). Filósofo y jurista. Profesor de Harvard. Su *Teoría de la justicia* es, acaso, la más completa reflexión moral sobre la convivencia civilizada aportada por un estadounidense en el siglo xx. Su visión representa la de los *liberals* americanos.

Ayn Rand (Rusia, 1905 - Estados Unidos, 1982). Novelista, guionista de cine, filósofa. La revolución rusa la marcó profundamente. La volvió rabiosamente individualista. Se trasladó muy joven a Estados Unidos. Predicó el *objetivismo*. Para ella y para sus discípulos la racionalidad era la esencia de la naturaleza humana y la defensa del *yo*, la conducta moralmente superior. Su filosofía la acerca a los libertarios. Su novela *La rebelión de Atlas* sigue siendo un *best seller* muchas décadas después de haber sido publicada.

Robert Nozick (Estados Unidos, 1938 - 2002). Fue filósofo, como Rawls, y también profesor de Harvard, pero escribió un libro esencial para refutar las teorías de Rawls desde posiciones libertarias: *Anarquía, Estado y utopía*. Lo ideal es leer simultáneamente este libro y *Teoría de la justicia*.